MLADÉ LETÁ

DER DRACHE UND DER KÖNIGSSOHN

VUK ST. KARADŽIĆ – TVRTKO ČUBELIĆ

Der Drache und der Königssohn

SERBOKROATISCHE MÄRCHEN

DAS GOLDENE SCHIFF

Es lebte einst ein Mann mit seiner Frau in bitterstem Elend. Alles, was sie besaßen, war ihr einziges Kind. Einmal sagte der Mann zu seiner Frau:

„Frau, wir werden unser Sippenfest feiern müssen und haben rein gar nichts. Wie sollen wir es denn feiern?"

Die Frau sagte traurig:

„Ach, lieber Mann, ich kann dir keinen Rat geben, ich weiß selbst weder aus noch ein!"

Der Mann ging schweigend aus dem Zimmer und verließ das Haus. Während er sinnend über den Weg wanderte, dachte er sich betrübt: ‚Allmächtiger, wenn ich jetzt jemandem das Kind verkaufen könnte, ich würde es tun und wir könnten das Sippenfest gebührend feiern!' Er hatte seinen Wunsch kaum zu Ende gedacht, als ihm ein altes Männlein in den Weg trat.

„Was hast du da gesagt?"

„Nichts habe ich gesagt", antwortete der Mann.

„Doch, du hast irgendetwas gesagt!" beharrte das Männlein.

„Aber nein!" beteuerte der Mann.

Als ihn der Greis jedoch zum dritten Mal fragte, sagte er:

„Aber, ich habe mir nur gedacht, daß ich mein Kind, wenn es jemand haben wollte, verkaufen würde, damit wir unser Sippenfest feiern können."

Da sagte der Greis:

„Gib es mir, ich kaufe es. Nur, wieviel verlangst du?"

„Wieviel gibst du mir?"

„Ich gebe dir ein Goldstück", sagte das Männlein.

Der Mann war einverstanden und der Greis fügte noch hinzu:

„Mit diesem Goldstück wirst du alles, was du brauchen wirst, kaufen können und es wird trotzdem für alle Zeit in deiner Tasche bleiben."

Dann gab er ihm das Goldstück, setzte sich den Knaben auf die Schulter und ging fort. Der Vater kaufte mit dem Goldstück alles Nötige ein. Er lud viele Gäste ein und feierte mit ihnen das Sippenfest so feierlich, wie es sich gebührt.

Der Greis ging mit dem Kind zum Königshof. Der König hatte nur Töchter, keinen Sohn. Als er den Greis bemerkte, fragte er ihn:

„Alter, was trägst du da auf dem Rücken?"

„Du siehst doch, ein Kind trage ich!" antwortete der Greis.

„Und würdest du es mir verkaufen?" fragte der König.

„Warum nicht!" erwiderte der Greis.

„Nun, was verlangst du?" erkundigte sich der König und der Greis sagte:

„Ebensoviel wie ich bezahlte – ein Goldstück!"

„Gib ihn her!"

Und der Greis gab dem König das Büblein und der König bezahlte das verlangte Goldstück.

Als der Greis fort war, fragte der König die Königin:

„Welchen Namen geben wir unserem Sohn?"

„Nun, ich weiß wahrhaftig nicht, was für ein Name der beste wäre!"

Der König schlug vor:

„Heißen wir ihn doch Dragan!"

„Gut, so soll er heißen", willigte die Königin ein.

Und dabei blieb es. Als Dragan aufwuchs, sagte der König zur Königin:

„Weißt du, was ich beabsichtige? Ich möchte unsere Tochter mit Dragan verheiraten, so bleibt uns unser ganzes Vermögen erhalten."

Da sagte die Königin:

„Du hast recht, ich dachte auch schon daran, die beiden haben einander ohnedies schon lange gern."

Als die Prinzessin heranwuchs, bewarb sich der Thronfolger des benachbarten Königreiches um ihre Hand. Der Vater des Mädchens wies ihn jedoch ab. Als dies der König des Nachbarlandes erfuhr, beschloß er, seinem Nachbarn den Krieg zu erklären.

Aber die Minister rieten dem König:

„Laßt den Streit durch die königlichen Berater entscheiden, und wem diese die Prinzessin zusprechen, der soll sie bekommen.“

Der König willigte ein und die Berater versammelten sich, um zu beraten. Sie rieten dies, sie rieten jenes, schließlich beschlossen sie, beide Bewerber als Händler auf den Markt zu schicken. Dem, der in

drei Jahren mehr als der andere erhandelt, soll die Königstochter gehören.

Nachdem das Urteil gefällt war, gab der benachbarte König seinem Sohn sechs Wagen voll Geld und schickte ihn hinaus in die Welt. Unser König rief Dragan zu sich und sagte:

„Siehst du, mein Sohn, wir müssen uns trennen, ob wir wollen oder nicht. Der benachbarte König gab seinem Sohn sechs Wagen voll Geld, hier hast du, ich gebe dir sieben Wagen. Geh, handle und sieh zu, daß du mehr als er erhandelst."

Dragan ging zur Prinzessin und sagte:

„Ich muß fort und wer weiß, ob wir uns je wiedersehen!"

Das Mädchen antwortete:

„Nimm meinen Ring. Sollten wir uns irgendwann begegnen, werden wir uns an diesem Ring wiedererkennen."

Als sich Dragan auf den Weg rüstete, sagte der König:

„Hier hast du sieben Wagen voll Gold, handle geschickt und kaufe vernünftig. Solltest du mit dem Geld nicht auskommen, schreibe mir sofort, ich werde dir schicken, so viel du auch brauchst."

„Nein", sagte Dragan, „ich will das viele Geld nicht. Gib mir nur ein Goldstück, das gleiche, mit welchem du mich kauftest. Das wird mir genügen."

Der König gab ihm eine Goldmünze, Dragan nahm sich noch eine Brotschnitte und machte sich auf den Weg.

Wie er so über Berge und Täler wanderte, kam er auf eine Anhöhe und sah dort einen Greis, der sich am Feuer zu schaffen machte. Er ging zu ihm und begrüßte ihn:

„Gott gebe euch Gesundheit, Großväterchen!"

„Auch dir, mein Sohn!" antwortete der Greis. „Was führt dich her, woher kommst du?"

„Ich wandre durch die Welt", sagte Dragan, „um Geld zu verdienen, damit ich die Prinzessin gewinne."

Der Greis sagte:

„Gut, Söhnchen, gut, setze dich jetzt her zu mir, später legen wir uns schlafen."

„Aber, Großväterchen, wie wollen wir hier auf dem Berg schlafen? Irgendetwas wird uns stechen oder auffressen!" rief Dragan.

„Du mußt keine Angst haben", beruhigte ihn der Greis. „Ich halte mich hier sehr oft auf, aber noch nie ist mir etwas zugestoßen."

Da setzte sich Dragan neben den Greis, und als es finster wurde, legten sie sich schlafen. Als der Morgen graute, sagte der Greis:

„Geh jetzt hinter diesen Berg, und was dir als erstes begegnet, das kaufe. Mit dem Gekauften komme dann zu mir zurück, damit ich es mir ansehe. Nachher werde ich dir einen weiteren Rat geben."

Dragan stieg auf den Berg und als er schon am Gipfel war, begegnete er einem Mann mit einem schwarzen Hündchen. Sofort fragte ihn der Königssohn:

„Würdest du mir das Hündchen verkaufen?"

„Aber ja, natürlich, warum nicht?" antwortete der Eigentümer des Hundes.

„Und was verlangst du für ihn?" fragte Dragan.

„Gib mir ein Goldstück!" sagte der Greis.

Dragan gab ihm das Goldstück, nahm das schwarze Hündchen und kehrte zurück zum Greis. Schon von weitem rief er:

„Großväterchen, schau, was ich gekauft habe!"

„Du hast gut gekauft", lobte ihn der Greis. „Binde ihn hier an den Dornbusch und komm dich ans Feuer wärmen!"

Dragan band das Hündchen an und setzte sich neben den Greis ans Feuer. Und wieder übernachteten sie dort. Als es zu tagen begann, sagte der Greis zu Dragan:

„Geh, Söhnchen, schau dir an, was du gekauft hast und was das Hündchen macht!"

Als Dragan zum Dornbusch kam, war das Hündchen verschwunden. Er lief zum Greis und rief:

„Großväterchen, er ist nicht mehr da!"

„Warum sollte er nicht mehr da sein? Geh nur schön zurück und scharre in der Erde, vielleicht wirst du dort etwas herausscharren!"

Der Königssohn scharrte mit den Fingernägeln in der Erde unter dem Dornbusch und fand ein kleines, hölzernes Fäßchen voll mit Salbe. Er hob es auf und brachte es dem Greis.

„Schau, Großväterchen, was ich gefunden habe!"

Der Greis nickte zufrieden.

„Gut, Söhnchen, das ist gut! Nimm jetzt diese Salbe, steige über den Berg und gehe so lange weiter, bis du zu einem Gewässer kommst, daß so groß wie das Meer ist. Du wirst dort am gegenüberliegenden Ufer den Fährmann des Königs sehen. Fordere ihn auf, dich mit dem Kahn hinüberzufahren. Er wird dir jedoch antworten, daß er es nicht könne, weil er blind sei. Außerdem dürfe er dich nicht ans andere Ufer bringen, weil im Land eine schreckliche Krankheit wüte und auch der König krank sei. Du antwortest ihm, er soll nur kommen, du würdest ihn glücklich machen. Daraufhin wird er kommen, du reibest ihm die Stirn mit der Salbe ein und er wird sein Augenlicht wiedererlangen. Dann wird er dich zum König führen, und die Salbe wird auch den König heilen. Ich sage dir aber, am ersten Tag behandle nur den König. Lege dich schlafen, du wirst träumen, was du zu tun hast. Dann bekommst du deinen Lohn."

Dragan hörte dem Greis aufmerksam zu, dann verabschiedete er sich und machte sich auf den Weg. Er überschritt den Gebirgskamm und gelangte ans Ufer eines riesigen Gewässers. Am anderen Ufer bemerkte er den Fährmann des Königs und rief ihm zu:

„Komm, Fährmann, komm her mit deinem Kahn und bring mich ans andere Ufer! Ich bringe dir Glück!"

Aber der Fährmann antwortete:

„Ich kann dir den Kahn nicht bringen, weil ich dich nicht sehe, und du darfst nicht herkommen, weil wir hier alle von einer schrecklichen Krankheit befallen sind."

Dragan ließ jedoch nicht locker:

„Fahr nur her zu mir, ich werde dich heilen und gebe dir das Augenlicht wieder!"

Als dies der Fährmann hörte, ruderte er zum Königssohn.

Dragan rieb ihm die Stirn mit der Salbe ein und der Fährmann konnte wieder sehen. Sofort führte er seinen Retter zum König und erzählte ihm, daß ihn dieser Mensch geheilt habe und gewillt sei, alle Kranken im Königreich zu heilen.

Als dies der König hörte, sagte er:

„Komm und heile mich! Ich gebe dir alles, was auch immer du verlangst."

Dragan rieb ihm die Stirn mit der Salbe ein, und auch der König konnte sofort wieder sehen. Er forderte Dragan auf:

„Komm, heile auch die Kranken meines Gefolges!"

Aber Dragan antwortete:

„Ich bin müde, ich muß mich erst gut ausschlafen, dann werde ich sie heilen."

Der König willigte ein und Dragan legte sich schlafen. Als er am nächsten Morgen aufwachte, fand er unter seinem Kissen einen Zettel mit dem Hinweis, daß er als Lohn für die Heilung aller Kranken im Land ein goldenes Schiff bekommen werde. Und zwar kein gewöhnliches goldenes Schiff, sondern eines, das sowohl auf dem Wasser als auch auf dem Land fahren könne. Außerdem werde ihm der König vier goldene Soldaten schenken.

Dragan trat vor den König und sagte:

„Wenn du mir ein goldenes Schiff und vier goldene Soldaten gibst, werde ich alle Kranken in deinem Land heilen."

„Du bekommst es", versprach der König, „du mußt aber zuerst alle Goldschmiede heilen, damit sie das Schiff schmieden können. Dann heile die anderen Kranken."

Dragan heilte also zuerst die Goldschmiede und die machten sich sofort an die Arbeit.

Nach einem Monat hatte Dragan alle Kranken im Land geheilt und kehrte zum König zurück.

„Bist du fertig?" fragte ihn der König.

„Fertig!" sagte Dragan.

„Du hast die Menschen in meinem Land geheilt, hier hast du das goldene Schiff, nimm es und geh deiner Wege!“

Dragan setze sich in sein goldenes Schiff und verschwand bald in der Ferne.

Sein Schiff fuhr ihn über Wasser und Land und brachte ihn in eine Stadt, aus welcher schon von weitem lautes Geschrei zu hören war. Dragan fragte die Leute, was dieser Tumult und Menschenauflauf zu bedeuten habe.

„Man hat einen Händler gefaßt. Er hat eine Menge Waren eingekauft und kann nicht bezahlen, also wird man ihn jetzt hängen.“

Als Dragan dies hörte, sagte er:

„Ich gehe hin, ich will ihn sehen!“

„Ach, das hat doch keinen Sinn“, meinten die Leute, „du kannst ihm ohnedies nicht helfen!“

Er ließ sich jedoch nicht abhalten. Als er zum Galgen kam, erkannte er in dem Verurteilten den Königssohn, seinen Gegner im Streit um die Prinzessin. Der hatte eine Unmenge Waren eingekauft ohne bezahlen zu können, also hatte man ihn angeklagt und dem Henker ausgeliefert.

„Gebt ihn mir, ich werde für ihn bezahlen!“ versprach Dragan den Richtern.

Die Richter waren einverstanden. Nun wandte sich Dragan an den Königssohn:

„Wenn du deinen Rücken bezeichnen läßt, bezahle ich deine Schulden, und du kannst heimkehren und heiraten.“

Der Königssohn zog sein Hemd aus und Dragan schrieb ihm auf den Rücken, daß er ihn vom Galgen loskaufe. Dann preßte er auf das Geschriebene den Ring der Prinzessin und jedes Wort saugte sich in die Haut ein, als wäre es hineingewachsen.

Der freigekaufte Königssohn machte sich eilends auf den Heimweg. Dragan bezahlte die Schulden seines Gegners, setzte sich in das goldene Schiff und fuhr gemächlich aus der Stadt.

Als der Königssohn nach Hause kam, verfaßte er ein falsches Dokument und schrieb dem benachbarten König, daß Dragan gehängt wurde. Der König glaubte an die Echtheit des Dokumentes und versprach dem Königssohn die Hand seiner Tochter. Kurz darauf fand die Hochzeit statt und es wurden viele Gäste eingeladen.

Auch Dragan kam. Er hielt mit seinem goldenen Schiff auf einem Feld in der Nähe des Palastes und ringsum strahlte und glitzerte alles. Da mischte sich ein Diener unter die Hochzeitsgäste und meldete verwirrt:

„Leute, ich weiß nicht, ob dies ein gutes oder böses Zeichen ist, aber im Feld glitzert etwas, als wäre es vom Himmel gefallen.“

Als dies die Gäste hörten, liefen sie hinaus, aber niemand wagte sich in die Nähe des Schiffes und Dragan wollte nicht zu ihnen gehen. Schließlich bestachen sie den Diener. Der rutschte auf seinen Knien zu Dragan und sagte:

„Der König bittet dich, auf den Hof in den Palast zu kommen.“

„Was spielt sich denn auf dem Hof und im Palast ab?“ fragte Dragan.

„Die Prinzessin heiratet. Aus dem ganzen Land sind Hochzeitsgäste eingetroffen“, erklärte der Diener.

„Gut“, sagte Dragan, „ich komme, aber nur, wenn mich der König persönlich holen kommt.“

Der Diener eilte zum König und überbrachte ihm die Forderung des Fremdlings. Also ging der König zum Feld, und als er sich dem Schiff näherte, fiel er auf die Knie, aber Dragan rief ihm zu:

„Du darfst vor mir nicht auf den Knien liegen, du bist ja mein Vater!“

Der König begriff ihn jedoch nicht. Immerwieder bat er den Jüngling, mit ihm in den Palast zu gehen.

„Geh nur, geh, ich komme nach!“ rief ihm schließlich Dragan zu.

Der König ging zurück in den Palast und Dragan folgte ihm. Als er in den Festsaal kam, setzte er sich und legte die Hand so auf den Tisch, daß die Königstochter den Ring an seinem Finger sofort bemerken mußte. Man setzte ihm auserlesene Speisen und Getränke vor, aber er wollte nichts anrühren, bevor er nicht die Braut gesehen hatte. Man beeilte sich, seinen Wunsch zu erfüllen und führte die Prinzessin in den Saal. Als sie näher an den Tisch trat, erkannte sie den Ring und rief:

„Aber das ist doch unser Dragan! Schaut nur, er hat meinen Ring am Finger!"

Die Hochzeitsgäste umringten ihn, fragten ihn aus, wer er sei und woher er komme, und Dragan gab sich zu erkennen. Aber der junge Schwiegersohn nannte ihn einen Lügner und zeigte das Dokument. Nun glaubten alle dem Schwiegersohn und wollten Dragan töten.

„Wartet!" rief Dragan. „Erst soll der junge Schwiegersohn sein Hemd ausziehen, damit ihr lesen könnt, was auf seinem Rücken steht. Und wenn ihr dort nicht das Siegel dieses Ringes findet, könnt ihr mich umbringen."

Der Schwiegersohn wehrte sich aus Leibeskräften, aber die Hochzeitsgäste ließen nicht locker. Ob er wollte oder nicht, er mußte das Hemd abstreifen, und alle Anwesenden lasen, was auf seinem Rücken stand und erkannten das Siegel. Jetzt waren alle wieder bereit, ihn zu töten. Dragan hielt sie jedoch zurück:

„Ich lasse es auch jetzt nicht zu, daß man ihn tötet, er soll nur auf schnellstem Wege von hier verschwinden. Und ihr, Schwiegervater, Brautwerber und Hochzeitsgäste, bleibt hier und feiert mit mir meine Hochzeit!"

Und dabei blieb es. Sie verjagten den Königssohn des Nachbarlandes und bereiteten für Dragan und seine Prinzessin ein noch schöneres Hochzeitsfest.

So eroberte Dragan sein Glück mit einem einzigen Goldstück im Geldbeutel.

WER LÜGT BESSER?

Ein Vater schickte einst seinen Sohn zur Wassermühle und warnte ihn, sich vor dem Naseweis in acht zu nehmen und das Korn ja nicht in einer Mühle zu mahlen, wo sich Naseweis aufhält. Der Sohn kam in eine Mühle und sah dort Naseweis sitzen.

„Gute Gesundheit, Naseweis!"

„Ebenfalls, Söhnchen!"

„Könnte ich hier mein Korn mahlen?"

„Natürlich, warum nicht, ich bin mit meinem bald fertig. Nachher mahle meinetwegen solange es dir gefällt!"

Der Junge erinnerte sich jedoch an die Warnung seines Vaters und lief eiligst aus der Mühle. Er warf sich den Sack über die Schulter und ging den Bach entlang zur nächsten Mühle. Auch Naseweis warf schnell eine Handvoll Korn in seine Tasche und rannte auf einem kürzeren Weg zur selben Mühle. Dort schüttete er das bißchen Korn ins Mahlwerk. Als der Junge in die Mühle kam und Naseweis bemerkte, machte er sich sofort auf den Weg zur dritten Mühle. Aber Naseweis nahm wieder eine Handvoll Korn, rannte auf einem kürzeren Weg zur dritten Mühle und schüttete das bißchen Korn ins Mahlwerk. Und dies gelang ihm auch in der vierten Mühle.

Aber hier endete das Spiel. Der Junge verlor die Geduld und war überzeugt, daß in jeder Mühle ein Naseweis sitzt. Also warf er den Sack von der Schulter und beschloß, hier sein Korn zu mahlen. Gleich begann er auch damit. Da redete ihn Naseweis an:

„Komm, Söhnchen, backen wir aus deinem Mehl einen Kuchen!"

Der Junge dachte wohl an die Worte des Vaters, er solle nicht in einer Mühle mit dem Naseweis mahlen, aber erschöpft wie er war, willigte er ein, geschehe was wolle, und sagte:

„Also komm!"

Naseweis scharrte das Mehl des Jungen im Trog auseinander und befahl ihm, mit den Händen Wasser zu schöpfen und langsam auf das Mehl zu gießen. Der Junge schöpfte Wasser und Naseweis knetete und knetete. Er knetete nach und nach das ganze Mehl zu einem Teig. Dann formte er aus dem Teig einen riesigen Aschkuchen, machte Feuer und buddelte den Kuchen in die Asche über der Glut ein.

Als der Aschkuchen braungebacken war, zogen sie ihn aus der Asche und lehnten ihn an die Wand. Naseweis sagte verschmitzt:

„Weißt du was, Söhnchen, wenn wir den Aschkuchen teilen, hat wirklich keiner von uns was davon. Komm, laß uns wetten, wer besser lügen kann. Der Sieger bekommt den ganzen Laib.

Der Jüngling sagte sich, daß er ohnedies nichts mehr retten könne und forderte Naseweis auf:

„Also gut, du machst den Anfang!"

Und Naseweis begann zu lügen, dachte sich allerlei Unwahrheiten über dies und jenes aus, log das Blaue vom Himmel, bis er ganz erschöpft war. Da sagte ihm der Junge:

„Ei, mein lieber Naseweis, wenn du nichts Besseres weißt, sind alle deine Lügen keinen Pfifferling wert. Warte, jetzt erzähle ich dir die allerwahrste Geschichte:

Seinerzeit, als ich als Kind alt wurde, hatten wir viele Bienenhäuser. Jeden Morgen versuchte ich sie zu zählen, aber es gelang mir nie. Und wie ich so eines Morgens die Bienen zähle und zusammenrechne, schau ich, schau mir die Augen aus dem Kopf, aber von der besten honigtragenden Drohne keine Spur! Also sattelte ich schnell einen Hahn, schwang mich auf seinen Rücken und machte mich auf die Suche nach der honigtragenden Drohne.

Als ich, ihrer Spur folgend, bis ans Meer kam, entwischte sie mir über den Ozean und ich jagte ihr nach. Wir überschwammen das Meer, und was sah ich da? Irgendein Mensch hatte sich meine honigtragende Drohne vor den Pflug gespannt und pflügte sein Feld. Hirse wollte er anbauen, sagte er. Ich rief ihm zu: Das ist meine honigtragende Drohne, wo hast du sie gefunden? Darauf der Pflüger: Nun, gehört sie dir, dann nimm sie dir! Und er gab mir auch sofort die honigtragende Drohne zurück und als Draufgabe für das geborgte Gespann einen Ranzen voll Hirse. Ich warf mir den Ranzen mit der Hirse über die Schulter, nahm den Sattel vom Rücken des Hahns und sattelte die honigtragende Drohne. Dann faßte ich den Hahn am Halfter, damit er sich ein bißchen ausruhe und schon flogen wir weiter. Über dem Meer, weiß der Himmel warum, zerriß der Riemen am Ranzen und alles fiel ins Meer. Als wir endlich am anderen Ufer

ankamen, war es schon Nacht. Also sprang ich vom Rücken der honigtragenden Drohne, ließ sie auf der Wiese weiden, den Hahn band ich mir ans Bein, warf mich erschöpft ins Heu und schlief bis zum Morgen wie ein Murmeltier. Als ich morgens die Augen öffnete, was sah ich da? Wölfe hatten sich angeschlichen und meine honigtragende Drohne aufgefressen, nur eine Mulde voll Honig war von ihr übriggeblieben. Auch auf dem Hügel lag ungefähr bis zu den Knien Honig. Ich überlegte hin, überlegte her, zerbrach mir den Kopf, wie ich den vielen Honig einsammeln könnte, da fiel mir ein, daß ich eine kleine Schäferaxt habe. Ich ging in den Wald, um mit der Axt irgendein Tier zu erlegen, es zu häuten und aus dem Balg einen Sack zu machen. Als ich mich durch den Wald durchschlug, sah ich plötzlich zwei Rehkitze auf einem Bein im Gras herumhüpfen. Ich schwang die Schäferaxt, holte zum Schlag aus, durchhackte mit einem Hieb das Bein – und beide Kitze fielen gleichzeitig um. Ich häutete sie, machte aus den kleinen Bälgen drei große Säcke und stopfte den ganzen Honig hinein. Die Säcke warf ich dann dem Hahn auf den Rücken und führte ihn nach Hause.

Als ich heimkehrte, war mein Vater eben zur Welt gekommen, und mich schickte man in den Himmel Wasser holen. Ich zerbrach mir wieder den Kopf, wie ich, du lieber Himmel, in den Himmel gelangen solle! Da fiel mir die Hirse ein, welche mir ins Meer gefallen war. Ich ging zum Meer und sah, daß die Hirse auf feuchten Boden gefallen und wie Hanf bis zum Himmel hinaufgewachsen war. Flugs kletterte ich am Hanf hinauf in den Himmel.

Als ich oben ankam, war die Hirse gerade reif und die im Himmel schnitten sie, kneteten einen Brotteig aus ihr, zerbröckelten das Brot, gossen heiße Milch über die Krümel und aßen. Ich grüßte und bat sie um Wasser. Und sie gaben es mir.

Ich war gerade auf dem Heimweg, da begann es, zu meinem Unglück, in Strömen zu gießen. Das Meer trat aus seinen Ufern, überschwemmte die ganze Hirse und die Wellen trugen sie davon. Da hatte ich natürlich Angst und machte mir Sorgen, wie ich nun wieder auf die Erde hinunter komme. Zum Glück fiel mir ein: ich habe ja lange Haare, wenn ich stehe, reichen sie mir bis an die Fersen, ja, ich schleife sie hinter mir her. Wenn ich sitze, reichen sie mir bis an die Ohren. Ich nahm ein Messer, schnitt ein Haar nach dem anderen ab, band sie an den Enden aneinander, machte schließlich an einem Haar einen Knoten und beschloß, in diesem Knoten zu übernachten.

Aber wie Feuer machen? Einen Feuerstein hatte ich, aber woher Holz nehmen? Da erinnerte ich mich, daß in meinem Mantel eine Nähnadel steckt. Also nahm ich sie, zerspaltete sie in dünne Spänchen, zündete sie an, erwärmte mich nach Herzenslust am kräftigen Feuer und legte mich schlafen.

Während ich schlief, sprang zu meinem Unglück ein Funken aus dem Feuer, durchbrannte das Haar neben dem Knoten, ich purzelte kopfüber hinab auf die Erde und versank in ihr. Ich drehte und wälzte mich hin und her, und als ich sah, daß ich so nicht freikomme, rannte ich blindlings nach Hause, um eine Hacke zu holen. Ich grub mich bis zu den Knöcheln aus, zog mich an beiden Bartenden aus dem Boden, sprang auf beide Beine und lief mit dem Wasser heim.

Als ich daheim ankam, schnitten die Mäher gerade das Getreide auf dem Feld. Die sengende Sonne brannte so, daß alle zu Asche verbrannten und Flammen aus der Asche loderten. Da rief ich: Und warum holt ihr nicht unsere Stute, die zwei Tagereisen lang und eine halbe Tagereise breit ist, und welcher auf den Schultern und am Genick dichte Weiden wachsen? Die wird euch genug Schatten über die Wiese werfen.

Mein Vater, zu jener Zeit schon tot, lief Hals über Kopf nach Hause, holte die liebe Stute, und die Schnitter mähten nun bequem in einem, wie von dreihundert Pferden geworfenen, Schatten. Ich nahm einen Krug und ging Wasser holen. Als ich ans Wasser kam, war es zu Eis gefroren. Was sollte ich machen? Den Krug wollte ich nicht zerbrechen, also nahm ich meinen harten Schädel in beide Hände, schmetterte ihn aufs Eis und schlug ein Loch hinein, dann füllte ich den Krug mit Wasser.

Als ich den Schnittern das Wasser brachte, schrien sie: Wo hast du deinen Kopf verloren? Ich griff mir an den Kopf, und wahrhaftig, mein Kopf war weg! Ich rannte zurück und siehe da, eine Füchsin stand mit einer Pfote auf meinem Kopf. Leise schlich ich mich an sie heran und stieß sie – mit Verlaub – ins Hinterteil. Die Füchsin erschrak derart, daß sie auf der Stelle das Rechnungsbuch fallen ließ. Als ich das Buch aufschlug, las ich: Mir den Aschkuchen und dem Naseweis, mit Verlaub, nicht die Bohne!“

Und der Junge stand auf, nahm den Aschkuchen und ging nach Hause. So hatte sich dieser Naseweis gründlich verrechnet, nun schaute er dem schelmischen Jungen verdutzt nach, ließ ihn gehen, sagte nicht einmal „Auf Wiedersehen!“

WIE SICH DIE FÜCHSIN AM WOLF RÄCHTE

Einst knetete eine Füchsin einen Teig aus Lehm. Sie buk daraus kleine Kuchen, bestrich sie mit Honig, trug sie zu den Truthahnhütern und bot ihnen für einen Truthahn ihre Honigkuchen an. Die Truthahnhüter wollten ihr jedoch keinen Truthahn geben und schickten sie zu den Schweinehirten, die würden ihr gewiß ein Ferkel geben. Die Füchsin ging zu den Schweinehirten und verlangte von ihnen ein Ferkel für ihre Honigkuchen. Die wollten jedoch auch kein Ferkel hergeben und schickten sie zu den Kuhhirten, die würden ihr gewiß ein Kalb geben.

Also ging die Füchsin zu den Kuhhirten und versprach ihnen vorzügliche Honigküchlein für ein Kalb. Doch die Kuhhirten waren auch nicht geneigt, ein Kalb herzugeben und rieten ihr, zu den Pferdehütern zu gehen, und von ihnen für ihre Honigküchlein ein Fohlen zu verlangen. Die Pferdehüter gaben ihr ein Fohlen und die Füchsin gab ihnen ihre Honigküchlein. Sie verlangte jedoch, daß die Pferdehüter erst dann die Kuchen essen dürfen, wenn sie selbst schon hinterm Hügel verschwunden sei.

Die Pferdehüter gehorchten, und als die Füchsin hinter dem Hügel verschwand, bissen sie in die Kuchen und begriffen, daß sie die Füchsin betrogen hatte. Sie schwangen sich auf ihre Pferde und galoppierten der verlogenen Füchsin nach. Doch die war auf dem Rücken ihrer Beute längst über alle Berge. Was sollten sie machen? Sie kehrten verschwitzt und müde, mit hängender Nase nach Hause zurück.

Die Füchsin sperrte das Fohlen neben ihrem Bau in einen Pferch und begann es zu striegeln. Jeden Tag brachte sie ihm grünes Gras und kaltes Wasser. Jedesmal wenn sie Futter oder Wasser holen ging, befahl sie dem Fohlen aufmerksam auf ihre Stimme zu lauschen und sich die Worte einzuprägen:

„Kleines Fohlen, öffne die Tür!
Kaltes Wasser bring' ich dir,
grüne Gräslein bring' ich dir!"

Niemals solle es auf eine andere Stimme hören und den Pferch öffnen.

Einmal kam ein Wolf zum Pferch. Er hatte schon mehrmals die Füchsin belauscht, hatte sich ihre Worte gemerkt und begann sie jetzt mit seiner rauhen Stimme nachzuahmen:

„Kleines Fohlen, öffne die Tür!
Kaltes Wasser bring' ich dir,
grüne Gräslein bring' ich dir!"

Das Fohlen erkannte sofort, daß dies nicht die Stimme der Füchsin war und öffnete dem Wolf nicht. Der Wolf versteckte sich hinter dem Pferch. Nach einer Weile kam die Füchsin mit Wasser und Gras. Vor dem Pferch rief sie, wie üblich, mit dünner Stimme:

„Kleines Fohlen, öffne die Tür!
Kaltes Wasser bring' ich dir,
grüne Gräslein bring' ich dir!"

Das Fohlen erkannte die helle Stimme der Füchsin, öffnete und erzählte ihr, daß jemand vor dem Pferch so wie sie gerufen habe, es solle öffnen, aber er hatte eine sehr rauhe Stimme, es habe sich gefürchtet und das Pförtchen nicht geöffnet.

Da sagte die Füchsin:

„Öffne nie auf eine rauhe Stimme, nur auf meine hohe, dünne!"

Als am nächsten Tag die Füchsin Wasser und Gras holen ging,

kroch der Wolf aus seinem Versteck, wo er das Gespräch der Füchsin mit dem Fohlen belauscht hatte, duckte sich so gut er konnte und rief mit leiser, dünner Stimme:

„Kleines Fohlen, öffne die Tür!
Kaltes Wasser bring' ich dir,
grüne Gräslein bring' ich dir!"

Das arme Fohlen ließ sich diesmal täuschen, öffnete das Pförtchen, der Wolf sprang ihm mit einem wuchtigen Satz an den Nacken, biß

ihm den Hals durch und fraß es auf. Nur der Kopf, der Schweif und die Hufe blieben vom Fohlen übrig.

Dann schlich sich der Wolf davon, und das Pförtchen schloß sich hinter ihm.

Als die Füchsin mit Wasser und Gras zurückkehrte, um ihr geliebtes Fohlen zu füttern und zu tränken, rief sie wie immer:

„Kleines Fohlen, öffne die Tür!
Kaltes Wasser bring' ich dir,
grüne Gräslein bring ich dir!"

Aber nichts rührte sich und niemand öffnete das Pförtchen. Da lugte die Füchsin durch einen Spalt im Reisigzaun, und als sie vom Fohlen nur den Kopf, den Schweif und die Hufe sah, wußte sie sofort, was für ein schreckliches Unglück ihr widerfahren war. Sie öffnete mit Gewalt das Pförtchen und begann neben dem Kopf ihres geliebten Fohlens zu jammern und zu klagen:

„Ach, mein liebes kleines Fohlen,
für wen soll ich jetzt Wasser holen?
Wer wird die feinen Gräslein kauen?
An wem soll ich mich jetzt erfreuen?"

Schließlich ging die Füchsin voll Gram und Trauer fort, legte sich quer über den Weg, als wäre sie tot.

Bald darauf kam ein Mann auf einem Fuhrwerk vorbei. Als er die Füchsin auf dem Weg liegen sah, dachte er, sie sei tot, warf sie auf den Wagen, um sie daheim abzubalgen, und freute sich schon auf den schönen Pelz. Im weißen Tornister des Mannes waren unter anderem auch drei Käseschnitten eingepackt. Die Füchsin lag anfangs mucksmäuschenstill da, dann schlich sie sich an den Tornister, öffnete ihn, zog die duftenden Käseschnitten heraus und flitzte davon.

Als sie sich schon zwei gute Schußweiten entfernt hatte, ließ sie sich gemächlich den Käse schmecken. Zwei Schnitten aß sie bis zum letzten Krümel auf, die dritte warf sie sich auf den Rücken und wanderte weiter. Auf dem Weg traf sie den Wolf, der ihr Fohlen aufgefressen hatte. Als er den Käse auf dem Rücken der Füchsin sah, fragte er sie, woher sie ihn habe. Die listige Füchsin sagte, sie hätte ihn aus dem Wasser geschlürft.

„Und wo ist dieses Wasser?" wollte der Wolf wissen.

„Komm, ich zeige es dir!" sagte die Füchsin bereitwillig.

Es war schon Mitternacht und gerade Vollmond. Außer der Mondkugel war kein einziges Wölkchen am weiten Himmel zu sehen.

Die Füchsin führte den Wolf zum nächstliegenden Wasser, zeigte ihm den sich darin spiegelnden Mond und sagte:

„Schau, was für ein schöner, runder Laib Käse in dem Wasser ist! Schlürfe nur fleißig und tüchtig, du wirst den Käse genau so aus dem Wasser schlürfen, wie ich es getan habe!"

Der ausgehungerte Wolf begann das Wasser zu schlürfen. Er schlürfte und schlürfte, bis ihm das Wasser unter der Rute herauszurinnen begann, aber der Käse blieb auf dem Wasser liegen und wollte nicht in sein Maul.

Da stopfte ihm die Füchsin das Loch zu, damit das Wasser nicht aus ihm herausrinnen könne, und feuerte ihn an:

„Schlürfe nur, Wölfchen, schlürfe, jetzt bekommst du ihn bestimmt!"

Und wieder schlürfte der Wolf, schlürfte und schluckte, schlürfte und schluckte, bis ihm das Wasser aus den Ohren floß. Die Füchsin stopfte ihm auch die Ohren zu und ermunterte ihn:

„Schlürfe nur, Wölfchen, du bist schon nahe daran, jetzt hast du ihn gleich!"

Und der Wolf schlürfte und schluckte, schlürfte und schluckte, bis ihm das Wasser aus der Schnauze und den Nasenlöchern spritzte. Die Füchsin stopfte ihm nun auch die Schnauze und die Nasenlöcher zu, setzte sich auf seinen Rücken und behauptete, sie sei krank und könne nicht laufen, er müsse sie tragen.

Der unglückliche, mit Wasser zum Bersten volle Wolf trug sie auf dem Rücken, und die Füchsin begann zu singen:

„Der Kranke trägt die Gesunde,
der Kranke trägt die Gesunde,
ist das nicht ein Wunder?“

Als dies die Füchsin bis zum Überdruß wiederholte, fragte sie der Wolf:

„Tante, was singst du da?“

„Aber nichts, Wölfchen, ich kann das Plappern nicht lassen und habe Lust zum Spaßen!“

Und wieder sang sie:

„Der Kranke trägt die Gesunde,
der Kranke trägt die Gesunde,
ist das nicht ein Wunder?“

So sang sie unermüdlich, bis sie vor ein Haus kamen, in dem gerade Hochzeit gefeiert wurde. Als die Hochzeitsgäste die Füchsin singen hörten, traten sie aus dem Haus und lobten ihr Lied. Die Füchsin behauptete, sie würde auf dem Dachboden im Haus noch viel besser singen. Und die lustigen Hochzeitsgäste ließen sie ein.

Kaum hatte der Wolf mit letzter Kraft die Füchsin auf den Dachboden geschleppt, öffnete sie alle Löcher, die sie dem Wolf zugestopft hatte und das Wasser strömte aus ihnen heraus wie aus einer Feuerwehrspritze, tropfte durch die, aus Weidenruten geflochtene Zimmerdecke auf die Hochzeitsgäste. Die liefen mit lautem Geschrei hinauf, die Füchsin sprang mit einem kühnen Satz aus der Dachluke und flitzte davon. Der Wolf wollte den Sprung nicht wagen und wurde grün und blau geschlagen.

Als sich nach einiger Zeit die Füchsin und der Wolf wieder trafen, fragten sie einander, wie wer entkommen sei, und die Füchsin behauptete dasselbe wie der Wolf. Dann schlug die Füchsin dem Wolf vor, er solle mit ihr um die Wette über eine Heustange springen. Zu seinem Unglück gehorchte der Wolf wieder der listigen Füchsin.

Als sie die Stange mehrmals übersprungen hatten, beschuldigte die Füchsin den Wolf, daß er nicht über die Stange, sondern neben ihr springe. Der Wolf wollte nun zeigen, was er kann, nahm einen Anlauf, sprang, jedoch nicht hoch genug und spießte sich auf der Stange auf.

Als dies die Füchsin sah, geriet sie vor Freude außer Rand und Band und rief:

„Rühr dich, Wölfchen! Du mußt dich schütteln und rütteln, du mußt die Stange abschütteln!"

Der Wolf schüttelte und rüttelte sich, die Stange durchbohrte ihn, der gute Wolf rutschte hinab und lag durchspießt am Boden. Die Füchsin ließ ihn liegen und verhöhnte ihn schadenfroh:

„Lange habe ich mir die Pfoten wundgelaufen, um dich aus der Welt zu schaffen, weil du mein kleines Fohlen aufgefressen hast!"

DAS MÄRCHEN VOM REBSTOCK DES KÖNIGS

Ein König hatte in seinem Garten einen Rebstock, auf welchem jede Stunde eine Bütte Trauben reiften. Der König lag stundenlang, mit einem Glas in der Hand, behaglich im Schatten des Rebstockes. Sooft er Lust hatte, streckte er die Hand aus, quetschte den Saft aus zwei Trauben – und das Glas war voll. Das Herz des Königs war voller Freude und seine Augen lächelten.

Aber eines Tages war es aus mit den Trauben und dem Wein im königlichen Garten.

Vor Gram standen in einem Auge des Königs unentwegt Tränen, nur sein zweites lachte noch. So saß er betrübt in seinem Palast. Einmal kam sein Sohn zu ihm und fragte:

„Vater, warum lachst du mit einem Auge und weinst mit dem anderen?"

„Mein Sohn, ein großes Unglück ist deinem Vater zugestoßen. Nur mehr in der Erinnerung darf ich mich an dem Rebstock erfreuen, der so schön in meinem Garten wuchs, in dessen Schatten ich vergnügt liegen konnte und den edlen Traubensaft genießen durfte. Jemand hat den Rebstock gestohlen. Dieser Verlust zwingt eines meiner Augen unentwegt zu weinen. Aber das andere Auge lacht bei der Erinnerung an die wunderschönen Stunden, die ich in seinem Schatten erlebt habe."

„Und wer hat den Rebstock gestohlen, Vater?"

„Ei, mein Sohn, wenn mein königlicher Arm diesen Dieb ergreifen würde, wäre es schlimm um ihn bestellt."

Als der Sohn sah, wie sehr sich sein Vater grämte, beschloß er, den Rebstock zu finden und seinem Vater zurückzubringen. Denn als guter Sohn konnte er den Anblick seines betrübten Vaters nicht ertragen. Schnell machte er sich reisefertig und ging hinaus in die Welt.

Nach einigen Tagen Wanderschaft gelangte er in einen dichten Wald. Erschöpft und hungrig setzte er sich in den Schatten, da hörte er einen unterdrückten Seufzer. Er stand auf und schaute sich um, um herauszufinden, woher das Stöhnen käme und entdeckte eine in ein Fangeisen geratene Füchsin. Er befreite sie und bewirtete sie mit Käse und Brot.

Die Füchsin bedankte sich und fragte ihn, wohin er gehe. Der Königssohn erzählte ihr alles über den gestohlenen Rebstock, und daß er ihn jetzt suche und seinem Vater zurückbringen wolle.

„Hm“, sagte die Füchsin, „gut, daß du mir begegnet bist. Ich weiß Bescheid über den Rebstock.“

„Du weißt es? Und wo ist er?“

„Ich weiß es“, sagte die Füchsin, „man kommt aber nur sehr schwer an ihn heran. Willst du, daß wir gemeinsam hingehen? Du warst gut zu mir, ich möchte mich gern dankbar erweisen.“

Sie gingen gemeinsam weiter, wanderten über öde Berge und durch dichte Wälder, bis sie zum Garten eines Königs kamen.

„Siehst du“, sagte die Füchsin, „hier in diesem Garten ist der Rebstock deines Vaters. Geh hinein! Du mußt an zwölf Wachtposten vorbeigehen, aber gib acht: wenn die Wächter die Augen geschlossen haben, bleibe stehen und verstecke dich. Wenn sie dich mit offenen Augen betrachten, kannst du unbesorgt an ihnen vorbeigehen. Geh geradeaus weiter bis zum Rebstock. Neben dem Rebstock stecken zwei Spaten in der Erde, ein goldener und ein hölzerner. Nimm den Holzspaten und grabe den Rebstock aus. Dann komme schnell zu mir zurück, ich werde hier auf dich warten.“

Der Königssohn ging in den Garten. Während er an den Wächtern vorbeiging, beobachtete er sie genau, ob sie die Augen geschlossen oder geöffnet haben. Hatten sie die Augen geöffnet, lief er so schnell er konnte, schlossen sie die Augen, duckte er sich und wartete. So kam er schließlich zum Rebstock. Und wirklich! Zwei Spaten steckten neben ihm in der Erde, ein goldener und ein hölzerner. Schnell nahm er den hölzernen und machte sich an die Arbeit. Als er jedoch sah, wie langsam er mit der Arbeit vorankam, nahm er den goldenen Spaten. Als der goldene Spaten auf den steinigen Grund stieß, erschallte im ganzen Garten lautes Getöse. Sofort liefen die Wächter herbei, faßten den lieben Königssohn und führten ihn zu ihrem Herrn.

„Ha, ha, ha", lachte dieser schallend, „schau mal an, der Rebstock hat es ihm angetan! Aber damit du nicht sagst, ich sei geizig, gebe ich dir den Rebstock, wenn du mir einen goldenen Apfel bringst, aus welchem ich in meinem Garten einen goldenen Baum züchten könnte."

Betrübt kehrte der Königssohn zur Füchsin zurück und erzählte ihr, wie es ihm ergangen war.

„Auch dabei kann ich dir helfen, denn ich weiß, wo so ein goldener Apfelbaum wächst", sagte die Füchsin. „Höre aber auf mich und gehorche mir in allem, sonst wird dein Vater seinen geliebten Rebstock nie wiedersehen."

Sie machten sich auf den Weg, wanderten, wanderten und kamen zu einem wunderschönen Garten.

„Hier", sagte die Füchsin, „in diesem Garten wächst der Rebstock deines Vaters und der goldene Apfelbaum mit den goldenen Äpfeln. Auch hier mußt du an zwölf Wächtern vorbeigehen. Aber gib ja recht acht, wenn sie die Augen geschlossen haben, bleibe stehen und verstecke dich, wenn sie dich aber mit offenen Augen anschauen, gehe unbekümmert weiter. Gehe bis zum goldenen Apfelbaum, du wirst ihn schon von weitem sehen. Am Apfelbaum sind zwei Hacken angelehnt: eine hölzerne und eine goldene. Schüttle mit der hölzernen einen Apfel vom Baum. Aber sei vorsichtig, du darfst die goldene Hacke nicht berühren!"

Der Königssohn machte, was ihm die Füchsin befohlen hatte. Er lief an den Wächtern vorbei, während sie ihn mit offenen Augen anstarrten, wenn sie die Augen schlossen, blieb er stehen und versteckte sich. Schließlich gelangte er zum goldenen Apfelbaum und sah die zwei Hacken: eine hölzerne und eine goldene. Der Jüngling dachte, daß es doch klüger sei, den goldenen Apfel mit der goldenen Hacke herunterzuschütteln. Deshalb nahm er die goldene Hacke und schlug mit ihr gegen den Baum. Das Gold gegen Gold klirrte so laut, daß es im ganzen Garten zu hören war. Die Wächter liefen herbei, faßten den Jüngling und führten ihn zu ihrem Herrn.

„Schau, schau, so ein Spitzbube!" rief der Herr lachend. „Nach den goldenen Äpfeln gelüstet es ihm! Aber weißt du was? Damit du nicht sagst, ich sei ein Geizkragen, gebe ich dir den goldenen Apfel. Und ich selbst werde dir den schönsten und besten pflücken, wenn du mir das goldene Mädchen bringst. Suche es, bringe es mir, und der goldene Apfel gehört dir!" Niedergeschlagen kehrte der Jüngling zur Füchsin zurück und erzählte ihr von seinem Mißgeschick.

„Siehst du, das hast du davon, weil du mir nicht gehorchst!" schalt ihn die Füchsin.

Der Königssohn versprach ihr hoch und heilig, von nun an aufs Wort zu gehorchen, wenn sie ihm zum dritten Mal helfen wollte.

„Ich helfe dir", sagte die Füchsin und ermahnte ihn erneut, zu gehorchen. „Höre gut zu und mache alles genau so, wie ich es dir befehle. Wir gehen jetzt in einen dritten Garten. Auch hier sind Wächter. Während sie die Augen offen haben, gehe unbesorgt weiter bis zu einer großen Hexe. Sie bewacht das goldene Mädchen und wird dich locken und ermutigen: Nimm sie dir! Nimm sie dir! Du nimm jedoch um nichts auf der Welt das Mädchen aus ihren Händen. Am Boden wirst du einen Rechen liegen sehen. Mit diesem Rechen ziehe das Mädchen an dich heran und dann flieht beide so schnell ihr könnt. Vergiß aber nichts, denn wenn die Hexe den Rechen erhascht, faßt sie dich und schleppt dich fort. Gib also ja acht, denn jetzt geht es um deinen Kopf!"

„Ich werde gut achtgeben", beteuerte der Königssohn, der sich ihre Worte gut eingeprägt hatte.

Und wieder wanderten sie, wanderten, bis sie zum dritten Garten kamen. Alles war genau so, wie es die Füchsin vorausgesagt hatte.

Der Königssohn ging ungefährdet an den Wächtern vorbei, während sie mit offenen Augen umherschauten, und er sah schon von weitem die Hexe, die das goldene Mädchen bewachte. Kaum hatte sie ihn bemerkt, begann sie ihn zu locken und zu ermutigen: „Nimm sie dir! Nimm sie dir!" Aber der Jüngling tat, als höre und sehe er die Hexe nicht. Er ging geradewegs auf sie zu, sah den Rechen, packte ihn und zog das Mädchen zu sich heran. Dann faßte er es schnell bei der Hand, warf sich den Rechen über die Schulter und lief mit dem Mädchen fort.

Sie machten sich eiligst auf den Weg zum Eigentümer der goldenen Äpfel.

Den Königssohn bedrückte der Gedanke, daß er das Mädchen einem anderen überlassen müsse. Seufzend gestand er der Füchsin seinen Kummer.

„Nun, wir werden sehen!" sagte die Füchsin. „Vielleicht verwandle ich mich in ein goldenes Mädchen. Wenn es mir gelingt, tausche mich für den goldenen Apfel ein und behalte das Mädchen." Dann befahl sie dem Jüngling, den Rechen auf den Boden zu werfen.

Voller Freude warf der Königssohn den Rechen auf die Erde. Die Füchsin übersprang ihn dreimal und verwandelte sich in ein goldenes Mädchen.

Der Königssohn ließ sein goldenes Mädchen auf dem Feld und führte die verwandelte Füchsin zum Eigentümer der goldenen Äpfel.

„Schau einer an!" rief der Herr lachend. „Dieser da ist wahrhaftig der Richtige. Er hat uns wirklich das goldene Mädchen gebracht!"

Er pflückte sofort den schönsten und besten goldenen Apfel vom Baum und führte das goldene Mädchen auf seinen Hof, um es den Gästen zu zeigen.

„Ach, wie schön sie ist!" seufzten die Gäste.

„Wahrhaftig, außergewöhnlich schön ist sie!" bekräftigten alle Anwesenden. Nur eine Dame, die das goldene Mädchen um seine Schönheit beneidete, sagte eifersüchtig:

„Nur Zähne hat sie wie eine Füchsin!“

Kaum hatte sie es ausgesprochen, verwandelte sich das goldene Mädchen in eine Füchsin, flitzte aus dem Hof und lief zum Königssohn und dem Mädchen.

War das eine Freude, als sie der Königssohn wiedersah!

Unterwegs gestand der Königssohn der Füchsin, daß das goldene Mädchen gern den goldenen Apfel behalten möchte, er habe jedoch versprochen, ihn für den Rebstock, den er seinem Vater bringen wolle, einzutauschen.

„Nun“, sagte die Füchsin, „wir wollen sehen, ob ich mich in einen goldenen Apfel verwandeln kann. Wenn es mir gelingt, gib anstatt des Apfels mich her. Wirf den Apfel auf den Boden!“

Der Königssohn tat, was sie verlangte. Die Füchsin sprang über den Apfel – dreimal hin, dreimal her – und verwandelte sich in eine wunderschöne goldene Frucht.

Der Königssohn schenkte den goldenen Apfel dem vor Freude strahlenden, goldenen Mädchen. Dann eilte er mit der verwandelten Füchsin um den edlen Weinstock.

„Ha, ha, ha!“ lachte der Eigentümer des Gartens wiehernd, als er den Königssohn mit dem goldenen Apfel in der Hand sah.

„Du bist auf meinen Weinstock wirklich sehr erpicht, wenn du mir für ihn einen goldenen Apfel geben willst. Also gut, gib mir den Apfel, ich gebe dir den Weinstock!“

Sie vollzogen den Tausch und der Königssohn ging fort. Der Eigentümer des Gartens eilte in seinen Palast, um vor den Gästen mit dem Apfel zu prahlen.

„Ei, wahrhaftig eine schöne Frucht!“ lobten alle Damen und Herren den Apfel, und jeder hielt ihn bewundernd in der Hand.

Nur ein Gast, der dem Gastgeber den Apfel mißgönnte, roch ihn und sagte:

„Ja, schön ist er, nur schade, daß er wie eine Füchsin stinkt!“

Kaum hatte er es ausgesprochen, verwandelte sich der Apfel flugs in eine Füchsin, sprang aus dem Fenster und rannte so schnell sie konnte zum Königssohn und seinem goldenen Mädchen. Sie begleitete beide bis vor den Königspalast, dann verschwand sie im Wald.

Der Königssohn ging sofort in den Garten seines Vaters. An einem Ende pflanzte er den Weinstock ein und am anderen Ende den goldenen Apfel, aus welchem schon nach einer Stunde ein goldener Apfelbaum emporsproß.

Dann eilte er zu seinem Vater und führte ihn zum Weinstock.

Und so wie einst, sitzt der König auch jetzt, mit einem Glas in der Hand, stundenlang unter seinem Rebstock. Wieder zerquetscht er eine oder zwei Trauben und das Glas ist voll Traubensaft. Das Herz des Königs freut sich, und das Auge, welches bisher so viele Tränen vergossen hatte, lacht.

Der Königssohn heiratete das goldene Mädchen. Er führt nun seine junge Frau im Garten spazieren, pflückt goldene Äpfel und legt sie ihr in den Schoß.

Und das ganze Land ist voller Freude und die Menschen feiern ihre Tage mit Wein und Gesang.

DER KAHLKOPF

Es war einmal ein König, der hatte drei Töchter. Die zwei älteren verheiratete er an Königssöhne, der jüngsten wollte er später sein Königreich überlassen, denn sie war die Beste und Schönste. Der König hatte auch einen Diener, den er Kahlkopf nannte, weil er kein einziges Härchen auf dem Kopfe hatte. Dieser Diener kümmerte sich um nichts, nur um den Garten. Der Garten war so gepflegt und so sorgfältig bepflanzt, als würden ihn zehn Gärtner und nicht nur ein einziger betreuen. Darüber war alle Welt sehr erstaunt.

Die Königstochter sah oft durchs Fenster in den Garten und sagte sich:

‚Wie herrlich doch dieser Garten ist! So schön und sorgfältig bebaut, und nur ein einziger Mensch kümmert sich um alles, dabei ist er so klein, sieht aus wie ein Zwerg!'

Als die Königstochter eines Morgens wieder zum Fenster hinausschaute, bemerkte sie den Kahlkopf und redete ihn an:

„Du meine Güte, Kahlkopf, wie schaffst du es nur, diesen riesigen Garten allein zu bepflanzen und so schön instand zu halten?"

„Prinzessin", antwortete er, „wenn du es wirklich wissen willst, stehe früh am Morgen auf und du wirst es sehen!"

Am nächsten Morgen stand die Prinzessin schon beim ersten Hahnenschrei auf und schaute gespannt aus dem Fenster in den Garten. Dem Vater und der Mutter hatte sie wohlweislich nichts gesagt. Und da sah sie: ein Drachen-Rappe kam angaloppiert, brachte dem Kahlkopf ein kostbares Gewand, eine Rüstung, Waffen und vier Diener, die sich dann im Garten hurtig an die Arbeit machten. Der Kahlkopf zog sich das kostbare Gewand an und plötzlich stand ein ganz anderer Mensch da. Kein zwerghafter Kahlkopf, sondern ein schmucker Jüngling, ein richtiger Held. Der schwang sich auf den Drachen-Rappen und ritt im Garten umher. Das Pferd unter ihm tänzelte feurig, aus seinen Nüstern sprühten Funken und loderten Flammen.

Als die Prinzessin nun diesen Kahlkopf sah, verliebte sie sich sofort über beide Ohren, sagte aber niemandem ein Sterbenswörtchen von ihrer Liebe. Viele Brautwerber kamen und gingen, bis sie schließlich ihren Eltern sagte, daß sie nur den Kahlkopf und keinen anderen zum Mann wolle.

Der König und die Königin waren außer sich, redeten ihr zu, schalten sie:

„Wie könntest du einen Diener heiraten? Zudem so einen Zwerg! Diesen Kahlkopf! Du bringst uns nur Schande! Über uns und das ganze Königreich!“

Sie wollte jedoch von keinem anderen hören, alles Reden war vergeblich, sie hatte für alles taube Ohren und blieb hartnäckig bei ihrem Entschluß:

„Entweder heirate ich den Kahlkopf, oder niemanden.“

Als der Vater sah, daß er sie weder im guten noch im bösen umstimmen könnte, ließ er sie ein armseliges Kleid anziehen, verheiratete sie mit dem Kahlkopf und schenkte ihnen ein kleines Stück Land hinter der Stadt. Der Kahlkopf pflanzte dort einen Garten, baute ein Häuschen und lebte dort mit der Königstochter. Er trug Gemüse auf den Markt in die Stadt und sorgte so für das tägliche Brot. Aber wann immer er wollte, verwandelte er sich zum schönsten Mann der Welt. Ein Pfiff genügte und schon war das Drachen-Rößlein mit dem kostbaren Gewand, der Rüstung und den Waffen da.

So ging es eine Zeitlang, bis plötzlich Feinde von zwei Seiten ins Land eindrangen, sodaß der König weder aus noch ein wußte. Verbittert sagte er sich:

‚Die zwei Töchter, die ich an Königssöhne verheiratet habe, werden mir vielleicht in der Not helfen, aber die, in welche ich meine größten Hoffnungen setzte, die habe ich diesem glatzköpfigen Nichtsnutz gegeben!‘

In seiner Bedrängnis befahl der König, daß jeder, der nur irgendwie könne, mit Säbel oder Gewehr in den Krieg ziehen müsse. Und die Krieger marschierten in Reih und Glied gegen den Feind. Aber vom Schlachtfeld kamen nur schlechte Nachrichten, die Verteidiger verloren eine Schlacht nach der anderen. Schließlich zog der König selbst ins Feld. Klein und Groß begleitete ihn, auch der Kahlkopf auf einem ausgemergelten Klepper. Alle lachten und spotteten:

„Jetzt, wo der Kahlkopf mit uns geht, werden wir gewiß siegen. Er wird den Feind zermalmen und ihn bestimmt zwingen, mit uns Frieden zu schließen!"

Als sie beim Heer anlangten, schlugen sie ihr Lager auf und warteten drei Tage. Am vierten entbrannte ein heftiger Kampf.

Da stieß der Kahlkopf einen Pfiff aus und im Handumdrehen erschien das Drachen-Rößlein. Der Kahlkopf zog sich das Rittergewand an, band sich den Säbel um, schwang sich aufs Pferd und ritt in den Kampf. Als er auf das Schlachtfeld hineinstürmte, geriet das ganze feindliche Heer in Schrecken und floh blindlings nach allen Seiten. Ein schneller Bote überbrachte dem König die Nachricht vom kühnen Helden, der den Feind, welcher jetzt um Frieden flehte, in die Flucht gejagt hatte.

Der König befahl, den Jüngling zu holen, er wolle dem Helden alles, was er sich wünschen werde, schenken. Die Läufer, die den Jüngling holen sollten, hatten das Lager noch nicht verlassen, als andere mit der Nachricht kamen, daß der junge Held des Königs Schwiegersohn sei. Der König war nicht wenig erstaunt, als er dies hörte und wollte es nicht glauben.

„Wenn dies wahr wäre", sagte er, „würde mein Schwiegersohn bestimmt zu mir kommen."

Da ließ ihm der Kahlköpfige sagen, daß er auf dem Heimweg an seiner Seite reiten werde.

Nachdem Frieden geschlossen war und die Krieger den Heimweg antraten, brach der Kahlköpfige sein Zelt ab und lud es mit seinen

Siebensachen auf sein Pferd. Dann pfiff er das Drachen-Rößlein herbei, zog das kostbare Gewand an und ritt die ganze Zeit neben dem König, damit ihn jeder erkenne. Als der König sah, daß der Held wirklich der Kahlköpfige war, weinte er vor Freude auf dem ganzen Heimweg. Er schenkte dem Kahlköpfigen noch zu seinen Lebzeiten das Königreich und der Kahlköpfige wurde König.

Und wenn er nicht gestorben ist, herrscht und regiert er mit seiner Frau auch heute noch.

DER ZAUBERRING

Es lebte einst eine Witwe mit ihrem Sohn. Sie besaß nichts, außer einer kleinen Hütte und einem winzigen Garten. Die beklagenswerte Witwe war kränklich, konnte nicht arbeiten, und so lebte sie mit ihrem Kind von Almosen.

Als der Junge zu einem kräftigen Jüngling heranwuchs, sagte er zur Mutter:

„Es ist wahrhaftig eine Schande, Mutter, daß wir uns jeden Brocken Nahrung erbitten und erbetteln. Gottseidank bin ich jetzt schon groß genug, laß uns den Garten verkaufen und für den Erlös ein Pferd kaufen. Wir müßten dann niemanden mehr belästigen und anbetteln."

„Ach, Söhnchen", antwortete die Mutter, „wenn ich den Garten verkaufe und ein Pferd kaufe, du könntest es, glaube mir, nicht bewachen, zu guter Letzt würde es ein Wolf zerreißen, und wir hätten überhaupt nichts mehr."

Der Sohn ließ der Mutter jedoch keine Ruhe. Er bedrängte und beschwor sie so lange, bis die Mutter schließlich nachgab, den Garten verkaufte und ein Pferd kaufte.

Nun hatte der Jüngling ein Pferd, sammelte Holz im Wald und verkaufte es so gut es ging. So fristeten sie gemeinsam von nun an ihr Leben.

In ihrer Hütte stand freilich kein „Tischlein deck dich", aber Hunger und Kälte mußten sie nicht leiden.

Eines Morgens befahl die Mutter dem Sohn, trockenes Reisig zu bringen, weil sie kochen und Wäsche waschen müsse.

„Gut", sagte der Jüngling und wie immer, küßte er der Mutter beim Abschied die Hand.

Als er im Hochwald anlangte, band er das Pferd auf einer

Bergwiese an einen Baum und ließ es weiden. Dann ging er Reisig sammeln. Plötzlich ertönte von irgendwo ein fürchterliches Geschrei und Getöse. Schnell lief er in die Richtung woher der Lärm kam, um nachzusehen, was dort vorgeht. Am Rande eines Talkessels blieb er wie angewurzelt stehen, denn was sich im Tal abspielte, war wirklich sehenswert: ein Drachenweibchen war gerade dabei, einen Hirsch zu verschlingen. Das Geweih des Hirsches hatte sich jedoch im Rachen des Drachenfräuleins zwischen den Kinnbacken verfangen, sodaß es ihn weder ausspucken noch hinunterschlucken konnte. Als es den Jüngling bemerkte, rief es:

„Höre, Junge! Ich schwöre, dich als Bruder zu betrachten. Die Glücksgöttin hat dich mit deiner Axt hergeführt, also jetzt hilf mir auch! Hacke diesem Hirsch das Geweih ab und befreie mich!"

Und der Hirsch rief:

„Wenn nur ein Funken Anständigkeit in dir ist, machst du es nicht. Töte den Drachen, damit ich am Leben bleibe!"

Der Jüngling wurde nachdenklich, überlegte, zerbrach sich den Kopf: ‚Wenn ich jetzt mit der Axt auf das Drachenweibchen losschlage, wer weiß, vielleicht würde es den Hirsch ausspucken und mich fressen! Außerdem hat es mich als erste um Hilfe gebeten und will sich mit mir verbrüdern, also helfe ich lieber dem Drachenfräulein!' Er sprang ins Tal und bauz, bauz, bauz, schlug er auf das Geweih des Hirsches ein. Das Geweih fiel auf den Boden und das Drachenweibchen verschlang den Hirsch.

Als es den Hirsch hinuntergewürgt hatte, sagte das Drachenfräulein:

„Ei, Herzensbruder, du hast mir das Leben gerettet, jetzt bin ich an der Reihe, dich zu belohnen. Mein Vater ist König der Drachen und Schlangen, laß uns zu ihm gehen, er wird dich reich beschenken. Laß dich aber nicht überlisten. Was auch immer er dir anbieten und schenken wird, nimm nichts. Verlange von ihm nur seinen Ring!"

Dann machte sich das Drachenfräulein auf den Weg und der Jüngling folgte ihm, bis sie zu einer Höhle kamen. Es führte ihn durch die Höhle auf ein weites Feld. Mitten auf dem Feld stand ein großer Tisch, auf dem der Drachenkönig thronte. Auf dem Feld wimmelte es überall von Drachen, Lindwürmer, Echsen und Vipern. Nur gut, daß die Vipern und Drachen vor der Tochter des Drachenkönigs ehrerbietig den Weg freigaben, denn beim Anblick des umherkriechenden Gewürms bekam der Jüngling eine Gänsehaut.

Das Drachenfräulein ging zum Vater und erzählte ihm, was sich alles abgespielt hatte. Daß sie dieser Jüngling gerettet und sie sich mit ihm verbrüdert habe, daß sie ihn herführe, damit er dafür belohnt und reich beschenkt werde.

Als dies der König hörte, befahl er sofort seinen jungen Dienern, aus der Schatzkammer zwanzig verschiedene Kostbarkeiten für den Jüngling zu holen. Aber Wunder aller Wunder! Der Jüngling warf keinen einzigen Blick auf die Schätze, sondern sagte zum König:

„Ich danke dir, mein König, für die Schätze. Wenn du mir aber etwas schenken willst, gib mir deinen Ring, das ist das einzige, was ich will!“

Der König bot ihm dies und jenes an, nur den Ring wollte er nicht hergeben. Aber der Jüngling wiederholte hartnäckig, er wolle den Ring und nur den Ring! Schließlich sagte ihm der König, daß er ihm den Ring nicht schenken könne. Der Jüngling verabschiedete sich kurz vom König und seiner Tochter und kehrte ihnen den Rücken zu, um wegzugehen.

Nach einigen Schritten schickte sich die Drachentochter an, ihm zu folgen.

„Wohin willst du denn gehen?“ fragte der König.

„Was für eine Frage! Wenn du meinen Herzensbruder nicht nach Verdienst belohnen willst, gehe ich mit ihm fort!“

Der König hatte nur diese eine Tochter und wollte sie nicht verlieren, also rief er den Jüngling zurück und schenkte ihm den Ring. Das Drachenfräulein führte ihn dann zurück ins Tal und sagte:

„Sollte dir etwas nicht glücken, halte diesen Ring ans Feuer und alles wird dir in Erfüllung gehen.“

Der Jüngling dachte jedoch nur mehr an sein Pferd und vergaß im Handumdrehen den Ring. Als er auf die Wiese kam, wo er das Pferd zurückgelassen hatte, war es verschwunden. Nur der hölzerne Sattel und vier Pferdehufe lagen verstreut im Gras. Wölfe hatten es aufgefressen. Niedergeschlagen, voller Verzweiflung warf er sich den Sattel über die Schulter, hängte sich die vier Hufe an den Gürtel und kehrte gegen Sonnenuntergang abgeschleppt und halbtot nach Hause zurück.

Bisher hatten sie sich recht und schlecht durchs Leben geschlagen, aber jetzt, als ihn die Mutter ohne Pferd heimkommen sah und erfuhr, daß es Wölfe aufgefressen hatten, begann sie zu jammern, verhöhnte und beschimpfte ihn. Sie war außer sich, packte einen Stock und verprügelte ihn nach Strich und Faden. Sie gab ihm auch kein Abendessen und warf ihn aus dem Zimmer.

Zerschlagen und hungrig schleppte sich der Jüngling in eine Ecke und schlief vor Müdigkeit bald ein. Als aber sein hungriger Magen knurrte und murrte, wachte er wieder auf. Erst jetzt fiel ihm wieder der Ring ein. Er hielt ihn vors Feuer, und siehe da! Plötzlich standen zwei Araber vor ihm und fragten:

„Was wünschst du, Herr?“

„Ich wünsche mir, und zwar auf der Stelle, alle denkbaren auserlesenen Speisen und den Hof voll Holz, lauter trockene Äste, damit meine Mutter kochen und waschen kann!“

„Was du verlangst, wird geschehen, Herr!“

Sie verbeugten sich und gingen fort.

Ehe man sich's versah, waren seine Befehle haargenau ausgeführt. Der hungrige Jüngling ließ sich die süßen Köstlichkeiten schmecken, dann warf er dünne Äste aufs Feuer, legte sich hin und schlief wie ein Murmeltier.

Die Mutter stand sehr früh auf, obgleich sie die ganze Nacht kein Auge zugetan hatte. Es ist ja wahrhaftig nicht lustig, um sein Pferd und um seinen Lebensunterhalt zu kommen. Sie trat hinaus vor die Hütte und traute ihren Augen nicht: wohin sie schaute, überall lag

Holz. Schnell ging sie in die Hütte zurück, da sah sie all die feinen Leckerbissen. Sie rüttelte den Sohn wach und fragte:

„Was bedeutet das alles, Söhnchen?"

„Das ist der Erlös für mein Pferd, Mutter."

„Aber warum hast du mir das nicht gleich gesagt, ich hätte dich nicht so verprügelt."

„Nun, ich sage es dir jetzt, aber du sage mir, ob du mir noch böse bist."

„Ich bin dir nicht böse, Söhnchen, nein, nein, ich bin es nicht!" rief sie und umarmte und liebkoste ihn. Danach lebten Mutter und Sohn mit allem reichlich versorgt. Einmal sagte sich jedoch der Jüngling:

‚Warum sollte ich in so einer engen Bruchbude leben?'

Er hielt den Ring ans Feuer, die zwei Araber erschienen und sagten:

„Befiehl, Herr!"

„Ich befehle euch: Baut mir auf der und der Wiese einen Palast, denselben, in welchem der König wohnt, und wenn er fertig ist, bringt mich und meine Mutter hinein!"

Die beiden Araber verbeugten sich und gingen fort. Der Jüngling übernachtete mit seiner Mutter in der kleinen Hütte, als er aber aufwachte, kam er aus dem Staunen nicht heraus. Alles war so, wie er es befohlen hatte, der Palast stand, sogar ihn und seine Mutter hatte man hergebracht und er hatte weder etwas gehört noch gespürt.

Er machte es sich in den Zimmern und Sälen gemütlich und befahl seiner Mutter, in den Palast nur Hungrige, Durstige, Barfüßige und Zerlumpte einzulassen. Den Hungrigen solle sie sättigen, dem Durstigen zu trinken geben, dem Barfüßigen Schuhe schenken und den Zerlumpten ankleiden. Denn vom geschenkten Reichtum sollten auch die Armen einen Nutzen haben.

Einmal, als er nachdenklich am Feuer saß, sagte er sich:

‚Da mich der Drachenkönig so reich beschenkt hat, könnte ich doch jetzt heiraten und müßte nicht allein sein!'

Dann dachte er eine Weile angestrengt nach, überlegte hin und her, bis er schließlich einen Entschluß faßte. Er hielt den Ring ans Feuer und die Araber erschienen sofort.

„Befiehl, Herr!“

„Ich befehle euch: Bringt mir die Tochter des Sultans, die schönste Prinzessin!“

Sie verbeugten sich, und weg waren sie. Aber schon im nächsten Augenblick waren sie mit der Tochter des Sultans, der schönsten Prinzessin, wieder zurück. Der Jüngling begrüßte das Mädchen freundlich und verliebte sich sofort. Als die Tochter des Sultans bei dem Jüngling einen nicht minder großen Reichtum und Glanz vorfand wie bei ihrem Vater, war sie überzeugt, daß er ein König oder ein Königssohn sei, und sie verliebte sich auch in ihn. Dann heirateten sie rechtmäßig, wie es sich gehört, und lebten in Eintracht.

Als der Sultan das Verschwinden seiner Tochter bemerkte, begann er sie zu suchen und forschte nach ihr überall. Aber die Prinzessin blieb verschwunden, als hätte sie die Erde verschluckt. Nirgends fand man sie. Da versprach der Sultan alle Schätze der Welt dem, der seine Tochter finden und erkennen würde.

Dies erfuhr auch eine alte Weissagerin. Sie wanderte von Stadt zu Stadt, ging von Tor zu Tor. Denn sie wußte, daß sie ein sorgloses Leben erwartet, wenn sie die Tochter des Sultans heil und gesund nach Hause bringt.

Sie hängte sich ein altes Fell um, nahm einen Stab und trippelte von Tür zu Tür, barfuß und beharrlich wie eine Wespe, bis sie schließlich auch zum Palast des Jünglings kam. Als sie schon ganz nahe vor dem Palasttor war, bemerkte sie der einst arme Jüngling und sagte zu seiner Frau:

„Schau, da nähert sich barfuß eine zerlumpte, alte Frau, sage meiner Mutter, sie soll sie hereinrufen und ihr Schuhe und Essen geben.“

„Hüte dich vor alten Weibern!“ warnte ihn die junge Frau, aber er hörte nicht auf sie.

„An meinem Haus darf niemand hungrig oder zerlumpt vorbeigehen. Wenn mir Überfluß beschert wurde, warum soll ich davon nicht etwas an arme Teufel abgeben?" sagte er.

Frau bleibt Frau, manchmal gehorcht sie aber doch dem Mann. Sie ging hinaus und holte das alte Weib in den Palast und bat die Schwiegermutter, Kleider für die alte Frau zu bringen. Die Weissagerin fragte die Prinzessin:

„Sage mir, Prinzessin, liebt dich dein Mann?"

Die Tochter des Sultans antwortete überrascht:

„Natürlich liebt er mich, ich wundere mich aber, woher du weißt, daß ich die Tochter des Sultans bin!"

„Wie sollte ich das nicht wissen? Ich weiß alles. Ich selbst war es, die euch zusammengebracht hat. Aber höre, geh und bring mir seinen Ring! Ich werde ihm etwas befehlen, danach wird dich dein Mann zehnmal mehr lieben als bisher."

Es wurde schon immer behauptet, eine Frau habe lange Haare und einen kurzen Verstand. Nun, auch diese hier fiel auf die Worte der Alten herein und lief schnell ins Zimmer ihres Mannes. Zu ihrem Unglück schlief er gerade. Die Tochter des Sultans zog ihm vorsichtig den Ring vom Finger, steckte ihm ihren Ring an und lief eiligst zur Alten zurück. Die nahm den Ring und sagte:

„Komm, mein Täubchen, setze dich hinter mich auf dieses Fell!"

Die Prinzessin setzte sich, die Wahrsagerin schlug mit dem Stab auf das Fell – und beide flogen davon.

Glaube mir, Brüderchen, das ist keine Faselei, diese Wahrsagerin flog zusammen mit ihrer Kraft fort, hinaus aus unserem Haus! Und sie flog und flog, bis sie beim Sultan ankam. Die Wahrsagerin nahm sich die Belohnung und verschwand.

Als der betrogene Jüngling aufwachte, rief er nach seiner Frau. Die war jedoch nicht da. Er rief seine Mutter und wollte wissen, wo seine Frau sei, aber die Mutter sagte:

„Das weiß ich wirklich nicht. Ich bin weggegangen, um für diese alte Frau Kleider zu holen, und als ich zurückkam, war weder die eine noch die andere da. Ich dachte, sie sei bei dir im Zimmer."

Er griff schnell nach dem Ring. Da sah er, daß er nicht seinen Ring, sondern den seiner Frau am Finger hatte. Wer konnte trauriger sein als er? Er begriff, daß man ihn betrogen hatte, war aber überzeugt, daß es nicht seine Frau gewesen war. Er verlor keinen Augenblick, zog sich lumpige Kleider an und ging hinaus in die Welt.

Welchen Weg immer er wählte, alle führten ihn nach Istanbul. Aber wie sollte er hier die Tochter des Sultans finden? Nach vielen Überlegungen beschloß er, geradewegs zum Palast des Sultans zu gehen und sich vor das Tor zu setzen.

Vor dem Tor bemerkte ihn der Oberkoch. Er dachte, der zerlumpte Jüngling sei hungrig und fragte ihn:

„Was sitzt du hier herum?"

„Ich bin arbeitslos, nimm mich in die Küche auf. Ich werde für Kost meinetwegen auch schmutziges Geschirr waschen, wenn sich keine bessere Arbeit finden sollte.

„Gut, gut", sagte der Oberkoch, „komm, ich gebe dir etwas zu essen und auch Arbeit."

Und der Jüngling arbeitete nun in der Küche. Schon nach kurzer Zeit beherrschte er die Kochkunst so gut, daß ihn der Oberkoch zu seinem ersten Stellvertreter machte.

Da er Ausländer war, schickte man die bisherigen Stellverterter des Oberkochs, die alle aus der Stadt stammten, in den Ruhestand. Der Jüngling blieb allein in der Küche. Um sich nachts nicht gar so einsam zu fühlen, hielt er sich eine Katze und einen Hund. Er pflegte sie liebevoll, denn er hatte sie gern.

Am Hof des Sultans war auch eine schöne Sklavin, die jeden Tag das Essen aus der Küche in den Harem brachte. Der Jüngling befreundete und verbrüderte sich mit diesem Mädchen. Einmal sagte er zu ihr:

„Herzensschwester, ich würde dich gern um etwas bitten, wenn du mir versprichst, niemandem etwas zu verraten."

„Rede, Herzensbruder, ich werde härter wie Stein und schweigsamer wie das Grab sein!“

Da sagte der Jüngling:

„Siehst du diesen Ring? Schau, ich lege ihn hier an den Rand dieses Tellers in den Reis, bringe ihn zur Tochter des Sultans!“

Er legte den Ring seiner Frau in den Reis, die Sklavin merkte sich gut, wohin er ihn gelegt hatte und drehte diese Seite des Tellers geschickt vor die Tochter des Sultans. Als sich diese zum zweiten Mal Reis vom Teller nehmen wollte, bemerkte sie den Ring. Sie erkannte ihn sofort, war er doch ihr liebster Schmuck gewesen! Schnell steckte sie den Ring in die Tasche, damit ihn keiner bemerke. Abends, vor dem Schlafengehen, rief sie die Sklavin zu sich und fragte sie:

„Du gehst täglich in die Küche. Weißt du vielleicht, ob sich dort irgendein Fremder aufhält?“

„Er ist dort“, antwortete die Sklavin. „Er kam ungefähr vor drei, vier Monaten und hat das Kochen so gut erlernt, daß er jetzt Stellvertreter des Oberkochs ist.“

„Und weißt du, wo er nachts schläft?“

„Ich weiß es, in der Küche schläft er!“

„Und übernachtet dort noch jemand?“

„Nein, niemand, nur eine Katze und ein Hündchen hat er.“

„Und weißt du zufällig etwas über diesen Ring?“

Die Prinzessin zeigte dem Mädchen den Ring. Die Sklavin lächelte zaghaft und sagte:

„Nun ja, der Koch ist ein guter und ehrlicher Mensch, deshalb habe ich mich mit ihm verbrüdert. Als ich ihm versprach, niemandem ein Wort zu sagen, bat er mich, den Teller so auf den Tisch zu stellen, damit du den Ring bemerkst.“

„Gut, jetzt versprich aber auch mir, daß du mich mit keinem Wort verraten wirst. Dann will auch ich dir etwas anvertrauen und du kannst gewiß sein, daß es dir neben mir gut ergehen wird!“

„Ich werde härter wie Stein und schweigsamer wie das Grab sein!“

„Also gut, wenn es so ist, sollst du wissen, daß der Fremde mein Mann ist. Nimm diese Frauenkleider, er soll sie anziehen und mit dir herkommen."

Junge Leute verstehen sich ohne viele Worte, die Sklavin nahm die Kleider und huschte mit ihnen in die Küche.

Nachdem sie dem Jüngling alles gesagt hatte, strahlten beide vor Freude. Der Jüngling, jetzt Stellvertreter des Oberkochs, zog sich die Frauenkleider an, folgte leise der Sklavin und schlüpfte ins Zimmer seiner Frau. War das ein glückliches Wiedersehen! Als aber der erste Freudentaumel vorbei war, fragte er seine Frau, wo sein Ring sei.

„Den hat mir die Wahrsagerin weggenommen", gestand sie und erzählte ihm, was sich zugetragen hatte.

„Das ist schlimm, alles ist auf den Kopf gestellt!" seufzte er. „Wir werden nie wieder in unser Heim zurückkehren können."

„Wir können uns jedoch auch hier heimlich treffen und glücklich leben!"

Und dabei blieb es. Tagsüber arbeitete der Jüngling in der Küche und nachts war er bei seiner Frau.

Es verging einige Zeit – nun ja, alles braucht seine Zeit – und die Tochter des Sultans erwartete ein Kind.

Als dies der Sultan erfuhr, geriet er außer Rand und Band. Er wollte wissen, wer der Vater des Kindes ist.

„Ich weiß es nicht, irgendjemand kommt zu mir während ich schlafe, aber wer, das weiß ich nicht", redete sie sich aus.

Er ließ alle Diener kommen, aber keiner wollte der Vater sein. Schließlich ließ der Sultan den Oberkoch kommen und befahl ihm, den Fremden aus der Küche herbeizuholen. Man brachte den Jüngling und der Sultan verurteilte ihn ohne Verhör zum Tode. Die Wahrsagerin erbat sich vom Sultan zwei Schildknappen, denn sie wollte den Jüngling selbst in eine Grube werfen und ihn dann mit einer Steinplatte zermalmen.

Man sagt, das Glück verläßt den Glücklichen nicht, und so erging es auch dem Jüngling. Als man ihn in die Grube warf, fiel er nicht auf den Grund, sondern klammerte sich an einem Vorsprung an der Seitenwand fest, zwängte sich in einen Spalt und wartete, bis die Steinplatte an ihm vorbeisauste und auf dem Grund aufprallte. Man warf auch den Hund und die Katze in die Grube, und jetzt wurde es richtig schlimm, denn zu essen gab es hier nichts und hinaus konnte man auch nicht. Niedergeschlagen und von Hunger gepeinigt, streichelte der Jüngling zärtlich das Hündchen und die Katze und begann mit ihnen zu reden.

So vergingen zwei Tage, als er plötzlich in der Dunkelheit vergeblich nach dem Hund und der Katze tastete. Jetzt schien ihm sein Schicksal noch unerträglicher.

Zum Glück dauerte seine Einsamkeit nicht lange. Das Hündchen und die Katze kamen zurück, schmiegten sich an ihn und ließen sich das Fell kraulen. Wie er sie streichelte, fühlte er, daß ihre Bäuchlein voll waren.

„Meiner Treu", sagte er, „die haben etwas gefunden und sich sattgefuttert. Ich werde warten, bis sie wieder aushungern und werde ihnen folgen. Vielleicht finde auch ich etwas!"

Nach kurzer Zeit machten sich die Tiere wieder auf den Weg. Er faßte den Hund am Schwanz, bückte sich und folgte ihm. Sie gingen gar nicht lange, als sie auf eine Lichtung in eine unbekannte Gegend kamen. Hier gab es nichts, aber überall wimmelte es von Mäusen.

Die Katze und der Hund stürzten sich auf sie und begannen sie heißhungrig zu vertilgen. Die erschrockenen Mäuse rannten Hals über Kopf zu ihrem König.

Als der Mäusekönig den Jüngling sah, rief er:

„Herr, rufe schnell deine Soldaten zurück und verlange von mir was du willst!"

„Ich will nichts anderes, nur diesen und diesen Ring von der und der Wahrsagerin", sagte der Jüngling.

Der König rief sofort zwei alte Mäuse und schickte sie den Ring holen. Nach kurzer Zeit brachten sie ihm über fünfzig Ringe verschiedener Größe, alle von der Wahrsagerin.

Der Jüngling betrachtete die Ringe, drehte sie nach allen Seiten, aber sein Ring war nicht darunter.

„Meinen Ring habt ihr nicht gebracht, aber wenn ihr ihn mir nicht bringt, schicke ich auf der Stelle einen meiner Diener um ein mächtiges Heer."

„Diese Alte hat nur noch einen Ring und den trägt sie immer unter ihrer Zunge, den können wir wirklich nicht stehlen", jammerten die Mäuse.

„Der Ring muß her, nehmt die Beine unter die Arme, sonst hetze ich sofort meine Soldaten auf euch!"

Da meldete sich eine kleine lahme Maus, die schreckliche Angst bekam, daß sie als erste den Soldaten unter die Zähne geraten werde:

„Laß dein Heer nicht kommen, junger Held, ich hole den Ring, geschehe was wolle! Mein König", wandte sie sich an den Mäusekönig, „gib mir zwei große, gewissenhafte Mäuse, die mich tragen können, denn ich bin lahm und könnte nicht fliehen."

Der König rief zwei große Mäuse, die nahmen das lahme Mäuschen auf den Rücken und auf ging's, schnurstracks zur Wahrsagerin. Vor ihrer Tür befeuchtete die kleine Maus den Kehricht, steckte ihr Schwänzchen hinein und sagte zu ihren Gefährtinnen:

„Sobald ich den Ring habe, packt mich und lauft mit mir fort, so schnell ihr nur könnt!"

Dann schlich sie sich vorsichtig zur Wahrsagerin, die auf dem Bauch lag und sorglos schlief, und steckte ihr das feuchte Schwänzchen in die Nase. Die Wahrsagerin mußte niesen und der Ring sprang ihr aus dem Mund. Geschickt schnappte ihn das lahme Mäuschen, die zwei großen Mäuse packten das lahme Mäuschen und entwischten mit ihm ehe sich die Wahrsagerin besinnen konnte. Glücklich kamen sie mit dem Ring zurück und alle Mäuse umringten sie jubelnd. Als der bedauernswerte Jüngling den Ring sah, war er glückselig.

Ja, aber was jetzt? In der Grube gab es kein Feuer und ohne Flamme war der Ring wertlos. In seiner Bedrängnis tappte der Jüngling in seinen Taschen herum und fand zwei Feuersteine. Er schlug sie gegeneinander, ein Flämmchen sprang heraus – und schon standen die zwei Araber vor ihm.

„Befiehl, Herr!“

„Ich befehle euch, mich, die Katze und den Hund hinauf auf die Erde zu tragen!“

Und eins, zwei, drei standen sie auf der Erde neben der Grube. Der Jüngling rief wieder die Araber herbei und befahl ihnen, sofort die Wahrsagerin zu bringen und die Steinplatte aus der Grube zu heben. Als dies geschehen war, warfen sie zuerst die Alte in die Grube und riefen ihr nach: „Herzblatt, halte dich mit den Zähnen am Wind fest!“ Dann warfen sie ihr die Steinplatte nach. Die Alte purzelte hinunter, die Steinplatte purzelte hinterher, bis sie unten auf den Grund aufprallten, und dort blieben sie für alle Zeit.

Der Jüngling steckte sich den Ring an den Finger und ging frohgemut nach Istanbul. Hier übernachtete er in einer kleinen Schenke. Nachts, als alle schliefen, hielt er den Ring ans Feuer und befahl den herbeigeilten zwei Arabern, ihn unverzüglich ins Zimmer der Tochter des Sultans zu bringen.

Als ihn seine Frau wiedersah, war sie sehr glücklich und zugleich betrübt. Sie freute sich, daß sie ihn lebend wiedersehen durfte, aber war betrübt aus Furcht, der Sultan könnte es erfahren und beide zum Tode verurteilen.

„Du hast nichts mehr zu befürchten“, beruhigte sie ihr Mann, „ich habe den Ring wieder!“

Dann erzählte er ihr, was er erleiden mußte, wie er die Wahrsagerin aus dem Weg geräumt hatte, und wie er wieder zu dem Ring gekommen war. Beide beruhigten sich, und als der Tag anbrach, wollte er nicht weggehen. Die Diener erkannten ihn und meldeten es dem Sultan. Der Sultan rief zwei Waffenträger und brach mit ihnen auf, um die zwei Ungehorsamen unverzüglich hinrichten zu lassen.

Der Jüngling schlug schnell mit dem Feuerstein Feuer und hielt den Ring an die Flamme. Die Araber erschienen und er befahl ihnen, neben die zwei Waffenträger des Sultans, vier weitere hinzustellen. Als der Sultan dieses Wunder sah, rief er dem Jüngling zu:

„Schicke deine Waffenträger fort, ich werde auch meine fortschikken, dann können wir uns unterhalten!"

Darauf hatte der Jüngling gewartet. Er schickte seine Waffenträger fort und der Sultan begann ihn auszufragen, wer er sei und woher er komme. Und der Jüngling erzählte ihm der Reihe nach, wer er ist, woher er kommt, was er alles erlebte, alles genau so, wie ich es euch erzählt habe. Zum Schluß sagte er:

„Erhabenster Sultan, bis jetzt bin ich heil und lebendig und deine Tochter ist mir so lieb und teuer, wie ich ihr es bin, gib uns deinen Segen und erlaube uns, zu heiraten."

Der Sultan überlegte eine Weile, dann sagte er:

„Das Schicksal will es so. Ich gebe sie dir, aber nur unter der Bedingung, daß auch du bei mir bleibst!"

„Gut, erhabenster Sultan, erlaube mir nur, meine Mutter herzubringen, damit ich ihr endlich Freude bereiten kann."

Der Sultan willigte ein und der Jüngling holte seine Mutter. Dann bereitete der Sultan ein glanzvolles Freudenfest und es wurde Hochzeit gefeiert.

Wenn sie noch leben, leben sie bis heute glücklich und zufrieden.

DER BÄR, DAS SCHWEIN UND DIE FÜCHSIN

Ein Bär, ein Schwein und eine Füchsin freundeten sich an. Sie beschlossen, ein Stück Land zu pflügen und Weizen anzubauen, um Vorrat für den Winter zu haben. Sie berieten sich, wer was machen soll, wer pflügen, wer säen und wer das Saatkorn beschaffen muß.

Das Schwein quiekte: „Ich stoße den Korb um, stehle das Korn und pflüge mit dem Rüssel den Boden!"

Der Bär brummte: „Ich werde säen!"

Und die Füchsin rief bellend: „Ich werde mit meinem Schweif den Acker eggen!"

Und sie pflügten, säten und eggten. Dann kam die Erntezeit. Wieder berieten sie sich.

Das Schwein quiekte: „Ich mähe den Weizen!"

Der Bär brummte: „Ich binde die Garben!"

Die Füchsin rief bellend: „Ich sammle die Ähren!"

Sie mähten den Weizen, banden ihn in Garben, sammelten die Ähren. Dann berieten sie sich zum dritten Mal, wie sie dreschen sollen.

Das Schwein quiekte: „Ich putze den Scheunenboden!"

Der Bär brummte: „Ich trage die Garben zusammen und dresche sie!"

Die Füchsin rief bellend: „Ich werde mit dem Schwanz die Spreu wegfegen!"

Einträchtig beendeten sie die Arbeit. Dann teilte der Bär das Korn, aber ganz und gar nicht gerecht. Dem Schwein, das nichts anderes wollte, gab er nur das Stroh, das Weizenkorn behielt er selbst, und der Füchsin gab er überhaupt nichts. Die Füchsin wurde fuchswild und drohte, daß sie sich beschweren und mit einer königlichen Amtsper-

son zurückkommen werde. Die wird dann den Weizen gerecht verteilen!

Das Schwein und der Bär bekamen es mit der Angst zu tun, und der Bär riet dem Schwein:

„Wühl dich ins Stroh ein, Schwein, ich klettere hier auf diesen Birnbaum."

Das Schwein wühlte sich ins Stroh ein und der Bär kletterte auf den Birnbaum. Die Füchsin lief zur Katze und lud sie ein, gemeinsam mit ihr in der Scheune Mäuse zu fangen. Die Katze wußte, daß es in der Scheune von Mäusen wimmelt, deshalb ging sie gern mit. Unterwegs haschte sie unentwegt Vögel.

Der Bär auf dem Baum sah sie schon von weitem und sagte zum Schwein:

„Es steht schlimm um uns, Schwein, diese durchtriebene Füchsin kommt mit einem schrecklichen Kommissar. Er hat sich ein Marderfell umgehängt und fängt sogar alle neben dem Weg herumfliegende Vögel."

Im nächsten Augenblick verlor der Bär die Katze aus den Augen, denn die war schon durchs Gras in die Scheune gesprungen. Wie sie so nach Mäusen suchte, begann sie auch im Stroh herumzukrabbeln. Das Schwein steckte den Rüssel heraus, um herauszufinden, was eigentlich los war. Als die Katze den Schweinsrüssel bemerkte, dachte sie, es sei eine Maus, stürzte sich auf ihn und hackte ihre Krallen hinein. Das Schwein quietschte laut, grunzte entsetzt und sprang in den Bach. Die Katze erschrak nicht wenig vor dem Schwein und sprang mit einem Satz auf den Birnbaum. Der Bär war überzeugt, daß sie sich jetzt über ihn stürzen wolle. Vor Schreck purzelte er vom Baum und zerbrach sich alle Knochen im Leib.

Und so blieb alles der schlauen, durchtriebenen Füchsin. Sowohl das Korn, als auch das Stroh.

DER SOHN DER BÄRIN

Es lebte einst ein Kaufmann, der viel in der Welt umherreiste und Handel trieb. Auf einer seiner Reisen kam er nachts in ein Dorf, in dem es keine Schenke gab. Da es eine düstere Nacht war und er nicht weiterreisen wollte, beschloß er, bei irgendeinem Dorfbewohner zu übernachten. Es war schon spät, alles schlief bereits, nur in einem Fenster flackerte noch eine Kerze. Als er zu diesem Haus kam, sah er, daß in der Stube irgend etwas gefeiert wurde. Er blieb vor der Tür stehen und rief nach dem Hausherrn. Der Hausherr kam heraus und fragte ihn, was er wünsche. Der Kaufmann erzählte ihm, daß er erst nachts im Dorf angekommen sei und nicht weiterreisen wolle und ihn um ein Nachtlager bitte.

Der Hausherr führte den Reisenden sofort ins Zimmer, wo mehrere Gäste rund um einen reich gedeckten Tisch saßen. Die Gäste rückten zusammen, um Platz für den unerwarteten Gast zu machen. Dem war es natürlich etwas peinlich, daß er als Fremder in ein Festmahl hineingeraten war.

„Scheinbar feiert ihr hier etwas!" sagte er etwas verlegen.

„Bruder, unser Sohn ist heute Abend drei Jahre alt geworden. Ich habe Gäste eingeladen, um sie ein bißchen zu bewirten. Das ist bei uns Sitte. Das Glück hat uns auch dich geschickt!" antwortete der Hausherr.

Die Gäste aßen, tranken und feierten noch eine Zeitlang lustig den Geburtstag des Sohnes ihres Gastgebers. Als jedoch einer nach dem anderen einnickte, führte sie der Hausherr zu ihren Schlafstätten. Der Sitte entsprechend, bettete er alle in die Stube neben dem Kinderzimmer, in welchem die Schicksalsgöttinnen die Zukunft des Kindes voraussagen werden. Die Gäste schliefen sofort ein, nur der Reisende blieb wach, weil er auf das Schicksal des Knaben neugierig war. Es dauerte nicht lange und drei schöne Mädchen traten ins Kinderzimmer und stellten sich an das Kopfende des Kinderbettes. Lange betrachteten sie den Knaben nachdenklich, dann sagte endlich die älteste:

„Dieses Kind soll zwei Jahre leben und dann sterben!"

„Nein, das ist zu wenig", widersprach die mittlere, „es soll sieben Jahre leben!"

„Wenn es nach zwei Jahren sterben sollte, würde der Vater, der so viel Freude an ihm hat, sehr betrübt sein. Wenn er sieben Jahre alt werden soll, kann er auch länger leben. Am besten, er lebt lange und erbt das Vermögen des Reisenden, der heute hier übernachtet!" sagte die dritte Schicksalsgöttin.

„So soll es sein!" sagten alle drei und gingen fort.

Der Reisende hatte alles gehört und wunderte sich, wie dieser Knabe sein Vermögen erben könnte, wo er doch einen Sohn und eine Tochter hatte! Die ganze Nacht dachte er darüber nach, und er fühlte sich wahrhaft unbehaglich bei dem Gedanken, daß sich die Voraussage verwirklichen könnte. Deshalb beschloß er, dieses Kind aus der Welt zu schaffen.

Am Morgen standen die Gäste auf. Keiner hatte etwas gehört, auch der Reisende tat, als wisse er nichts. Er machte sich reisefertig, aber beim Abschied bat er die Eltern, ihm das Kind zu zeigen, er wolle es beschenken. Der Vater führte ihn zu dem kleinen Knaben. Der Reisende betrachtete ihn, dann sagte er, daß auch er so ein schönes Kind haben möchte und bat den Vater, ihm das Kind zu verkaufen. Der Vater weigerte sich und sagte, daß er sein Kind keinem Fremden anvertrauen könne. Der Reisende beteuerte, daß er große Reichtümer besitze, also würde es dem Knaben bei ihm viel besser als bei seinem Vater gehen, er solle doch seinem Kind nicht im Wege stehen. Lange widersetzte sich der Vater, er wollte nicht um sein Kind kommen. Schließlich sagte er sich jedoch, daß sein Junge bei dem reichen Kaufmann viel glücklicher sein werde, daß es das Schicksal wahrscheinlich so wolle, und willigte ein. Der Reisende bot ihm eine große Geldsumme an, aber der Vater lehnte sie ab und sagte, das Glück seines Kindes sei die beste Belohnung für ihn.

Der Reisende nahm den Knaben und machte sich auf den Weg. Er kam zu einem großen Moor. Auf der anderen Seite des Weges ragte ein riesiger Berg in den Himmel. In dem Berg war eine große Höhle. Hier blieb der Kaufmann stehen und überlegte, ob er das Kind ins Moor oder in die Höhle werfen soll. Da die Höhle jedoch zu hoch lag und er keine Lust zum Klettern hatte, ließ er den Knaben im Moor. Er war überzeugt, daß ihn bald ein Tier finden und zerreißen werde. Befriedigt setzte er seinen Weg fort, denn nun, sagte er sich, sei seinen Kindern das Erbe sicher.

Nach kurzer Zeit trottete eine Bärin aus der Höhle und kam auf der Suche nach Nahrung zum Moor. Als sie das Kind fand, trug sie es in den Zähnen in die Höhle. Sie fügte ihm kein Leid zu, sondern betreute es zusammen mit ihren Bärenjungen. Der Knabe wuchs schnell und spielte oft mit den anderen Bärenkindern vor der Höhle. Aber beim leisesten Rascheln flitzten sie alle zurück in die Höhle und wagten sich erst wieder hinaus, wenn die Bärin zurückkam.

So verging ein Jahr, und wer weiß wie lange der Knabe bei den Bärenjungen geblieben wäre, wenn ihn nicht ein Hirt, der seine Schafe an der Höhle vorbeitrieb, bemerkt hätte. Der lief sofort zurück ins Dorf und erzählte den Leuten von dem Wunder vor der Bärenhöhle. Alle lachten ihn aus, aber er beteuerte, die Wahrheit zu sagen, wer immer könne mit ihm gehen und sich mit eigenen Augen davon überzeugen. Die Bauern beschlossen, einen Mann mit dem Hirten zur Höhle zu schicken, und die beiden sollten das Kind, wenn es wirklich dort wäre, fangen und ins Dorf bringen.

Am nächsten Morgen gingen der Hirt und ein Bauer zur Höhle. Kaum waren sie dort angelangt, sprangen die Bärenjungen und der Knabe heraus und begannen herumzutollen. Als sie aber die Menschen bemerkten, liefen sie hurtig zurück in die Höhle. Der Hirt und der Bauer warteten vergeblich bis zum Abend, die Bärenkinder kamen nicht mehr heraus. Mit leeren Händen kehrten sie ins Dorf zurück. Am nächsten Tag machten sich mehrere Dorfbewohner auf, das Kind zu fangen. Obgleich sie sehr vorsichtig waren, erreichten sie auch diesmal nichts. Erst am dritten Tag gelang es ihnen, den Knaben zu fassen und ins Dorf zu bringen. Da sie seinen Namen nicht kannten, und er selbst auch nicht wußte wie er heißt, nannten sie ihn Sohn der Bärin.

Jetzt begannen die Bauern zu überlegen, was mit dem Knaben geschehen soll. Zum Arbeiten war er noch zu klein, und weil er der Sohn einer Bärin war, durfte ihn niemand in sein Zimmer nehmen. Also führten sie ihn, wie es in alten Zeiten Brauch war, ins Kloster, wo er studieren sollte. Die Mönche nahmen den Knaben auf und begannen ihn zu unterrichten.

Der Sohn der Bärin lernte schnell und gut. Was andere Kinder in einem Jahr erlernten, erlernte er in einer Woche. Bald konnte er Bücher lesen, und als er größer wurde, ließ man ihn oft in der Kirche singen. Er sang so schön, daß es eine Freude war, ihm zuzuhören. Sein Gesang übertönte alles, und die Menschen strömten von allen Seiten in die Kirche, um ihn zu hören. So wuchs er im Kloster zu einem stattlichen Jüngling auf.

Einmal kam hier der Kaufmann, der sich einst den Sohn der Bärin angeeignet hatte, vorbei. Als er auf der Straße die vielen, in eine Richtung eilenden Menschen sah, fragte er, wohin sie es denn alle so eilig haben. Und als man ihm sagte, daß sie sich den schönen Gesang des Sohnes der Bärin anhören wollen, ging er aus Neugierde mit. In der Kirche drängte er sich ganz nach vorn, um besser sehen zu können. Beim Anblick des Jünglings schien es ihm, als hätte er ihn schon irgendwo gesehen. Nach dem Konzert fragte er, wem der Jüngling gehöre, aber niemand konnte es ihm sagen. Man schickte ihn zu den Mönchen. Der Kaufmann ging ins Kloster und die Mönche erzählten ihm, daß die Bauern den Sänger vor einer Höhle, gegenüber dem Moore, gefunden hätten, daß ihn eine Bärin genährt habe, und daß er mit den Bärenjungen vor der Höhle gespielt hätte. So hatten ihn die Bauern entdeckt, gefaßt und ins Dorf gebracht.

Jetzt wußte der Kaufmann, warum ihm der Jüngling so bekannt vorgekommen war. Er erschrak, daß sich die Vorhersage doch noch erfüllen könnte, und bedrängte die Mönche, ihm den Jüngling zu schenken oder zu verkaufen. Er sagte, die Stimme des Jünglings hätte ihn so beeindruckt, daß er ihn in die königliche Residenzstadt bringen möchte. Die Mönche wehrten sich lange, als ihnen aber der Reisende ein sehr hohes Lösegeld anbot, willigten sie ein. Der Kaufmann gab den Mönchen das Geld, verlud seine Ware auf ein Schiff und schickte den Sohn der Bärin auf diesem Schiff nach Hause.

Beim Abschied gab er dem Jüngling einen Brief an seine Frau mit. Angeblich fordere er sie in diesem Brief auf, den Jüngling als Gehilfen anzunehmen.

Das Schiff verließ den Hafen. In der ersten Nacht erschien dem Sohn der Bärin im Traum ein Greis, der forderte ihn auf, den Brief des Kaufmanns durchzulesen. Als er am nächsten Morgen aufwachte, öffnete er den Brief und las ihn. Der Kaufmann schrieb seiner Frau, sie müsse sofort die Tochter oder den Sohn zu einem Diener mit dem Befehl schicken, den Jüngling zu töten. Entrüstet zerriß der Jüngling den Brief und schrieb einen neuen. Darin stand, daß der Kaufmann seiner Frau befehle, sofort, noch während seiner Abwesenheit, die Tochter an den Jüngling zu verheiraten und ihn zum Teilhaber des Handelsunternehmes zu machen. Er faltete den Brief und versiegelte ihn.

Als das Schiff im Hafen der Stadt einlief, eilten die Diener herbei, luden die Waren ab und führten den Sohn der Bärin zur Frau des Kaufmannes. Er überreichte ihr den Brief und sie las ihn aufmerksam durch. Sie wunderte sich nicht wenig über ihren Mann. Was für ein Einfall, einen fremden Jüngling herzuschicken und ihn als Schwiegersohn und Teilhaber zu bestimmen! Aber was der Herr des Hauses befiehlt, das muß getan werden!

Die Frau verheiratete ihre Tochter mit dem Sohn der Bärin und nahm ihn als Schwiegersohn und Teilhaber in ihr Haus auf.

Nach geraumer Zeit kehrte der Kaufmann von seiner Reise heim. Das erste, wonach er fragte war, was sie mit dem fremden Jüngling gemacht habe.

„Lange dachte ich, du seist von Sinnen oder verrückt geworden, daß du einen Fremden, weiß Gott woher er kommt, zu deinem Schwiegersohn bestimmen willst. Aber was hätte ich denn machen sollen? Ich mußte die beiden, wie du es mir im Brief befohlen hast, verheiraten!“ sagte die Frau.

Da brauste der Hausherr auf:

„Was für ein Schwiegersohn? Was für eine Hochzeit? Wer hat dir das eingeredet? Weib, bist du bei Verstand?“

Da erzählte ihm die Frau, wie alles gekommen war. Der Hausherr begriff, daß er sich den ihm vom Schicksal aufgebürdeten Jüngling jetzt noch schwerer vom Halse schaffen konnte. Also begann er, neue Pläne zu schmieden. Eines Abends befahl er seiner Frau, den Schwiegersohn in aller Frühe zu wecken und ihn mit einem Brief in den Schafstall zu schicken, er habe einige Gäste eingeladen und die Diener müßten ein Schaf schlachten. In dem Brief stand jedoch, die Diener sollen den Überbringer des Briefes auf der Stelle töten.

Als es tagte, ging die Frau in das Schlafzimmer der jungen Eheleute. Als sie sah, wie friedlich beide schliefen, wollte sie sie nicht wecken und ging ins Zimmer des Sohnes. Sie weckte ihn und befahl ihm, den Brief zu überbringen. Als der Hausherr aufwachte, fragte er seine Frau, ob sie seinen Befehl ausgeführt hat. Die Frau sagte ihm, daß sie den Sohn mit dem Brief in den Stall geschickt hätte, weil sie die beiden nicht aus ihrem süßen Schlaf wecken wollte. Der Mann schäumte vor Wut und sagte der Frau, was sie angerichtet hatte. Er erzählte ihr alles über den Sohn der Bärin, und warum er ihn vernichten wolle. Er rannte in den Schafstall, um den Sohn zu retten, aber es war bereits zu spät.

Der Mann bereute bitter, daß er auch ein drittes Mal versucht hatte, seinen Nachfolger und Erben aus der Welt zu schaffen. Nach dem Tode des Kaufmanns übernahm der Sohn der Bärin den ganzen Besitz. Und er lebt bis heute sorglos und in Reichtum, obgleich er nie erfahren hat, woher er stammt und wer seine Eltern sind. Doch die Eltern freuen sich über das Glück ihres Kindes.

DER KÖNIG UND DER SCHÄFER

Ein König hatte eine wunderschöne Tochter. Die Kunde von ihrer Schönheit verbreitete sich über die ganze weite Welt. Könige und Kaiser kamen, um sich um sie zu bewerben, manche auch nur aus Neugierde, um das schöne Mädchen zu sehen. Der Vater erklärte jedoch, er werde sie nur dem geben, der klüger als er selbst sei und ihn überlistet.

Dies erfuhr auch ein reicher Mann in einem fernen Land. Er machte sich auf den Weg, durchreiste viele Länder und Städte, bis er eines Abends zum Haus eines reichen Mannes kam. Der Hausherr empfing ihn freundlich, und als der Fremde fragte, ob er hier übernachten könne, hieß er ihn herzlich willkommen. Zu Ehren des Gastes ließ er sofort ein Ferkel schlachten. Als man den Braten zum Abendessen hereinbrachte, bestimmte der Gastgeber den Kopf des Ferkels für den Schäfer, der auf der Almwiese eine Schafherde weidete.

Als der Morgen graute, machte sich der Reisende wieder auf den Weg, um die Hand der schönen Königstochter zu gewinnen. Wie er so durch den Wald wanderte, kam er zum Haus des Schäfers, bei dessen Herrn er übernachtet hatte. Er grüßte ihn und sagte:

„Du weidest gut!"

Und der Schäfer antwortete: „Ich weide so, damit sich die Schafe sattweiden!"

Der Reisende fuhr fort: „Ich habe heute bei euch übernachtet."

Darauf meinte der Schäfer: „Wenn du übernachtet hast, hast du halt übernachtet, der Weg hat dich hingeführt!"

Der Reisende fügte hinzu: „Als ich dort ankam, hat man mir zu Ehren ein Ferkel geschlachtet."

Und der Schäfer sagte: „Wenn Gäste kommen, gehört es sich, daß sie der Gastgeber mit Fleisch bewirtet, also hat man es geschlachtet."

Der Reisende fuhr fort: „Wir haben dir den Kopf des Ferkels gelassen."

Darauf der Schäfer: „Der Kopf gehört dem Kopf!"

Und der Reisende: „Die Diener haben ihn auf ein Regal gestellt, aber ein Hund hat sich an ihn herangemacht."

Und der Schäfer: „Er hat ja zu ihm gehört!"

Der Reisende redete weiter: „Dann kam dein Vater und erschlug den Hund."

Und der Schäfer: „Wenn er ihn erschlagen hat, so hat er es bestimmt verdient."

Darauf der Reisende: „Nachdem er ihn tötete, warf er ihn in die Mistgrube."

Und der Schäfer: „Nun, so hat er ihn eben in die Mistgrube geworfen! Er lag sowieso die ganze Zeit dort."

Der Reisende sah, daß der Schäfer auf alles eine Antwort wußte und sagte sich, daß er sich vorzüglich als Brautwerber eignen würde. Also sagte er zu ihm: „Du meine Güte, komm etwas näher, laß uns ein bißchen plaudern!"

Der Schäfer antwortete: „Warte ein Weilchen, ich muß die Schafe zusammentreiben!"

Der Schäfer lief fort, trieb die Schafe zusammen und kehrte zum Reisenden zurück.

Und der erzählte ihm: „Weißt du, ich bin auf dem Weg zu dem und dem König, um mich um seine Tochter zu bewerben. Er will sie aber nur dem geben, der klüger ist als er und ihn überlistet. Ich sehe, du bist ein Schlaukopf und verstehst es, klug und gut zu sprechen. Was, wenn du mit mir zu diesem König gehen und für mich das Mädchen gewinnen würdest?"

Der Schäfer antwortete: „Ich gehe mit!"

Also gingen sie zu zweit weiter. Sie wanderten, wanderten, bis sie schließlich in der Stadt ankamen, in welcher der König wohnte.

Vor dem Tor des Königspalastes hielt sie ein Wachtposten auf und fragte: „Wer seid Ihr? Wohin geht Ihr?“

Und sie antworteten: „Wir kommen um die Hand der Königstochter werben!“

Man ließ sie in den Palast ein. Sie gingen mehrere Stiegen hinauf zum König, und der Reiche sagte: „Ich grüße dich, erhabenster König!“

Der König dankte freundlich: „Das Glück sei mit euch, Kinder!“ Dann wandte er sich an den Reichen: „Warum ist denn dieser Dorfjunge in seinen plumpen Filzhosen hergekommen?“

Der Schäfer ließ den Reichen nicht antworten, er wandte sich dem König zu und sagte: „Obgleich ich ein Bauernbursche in plumpen Filzhosen bin, bin ich doch reicher als du in deinem prunkvollen

Gewand und außerdem habe ich dreitausend Schafe! In einem Tal melke ich sie, im anderen bringe ich die Milch mit Lab zum Gerinnen und mache Käse, im dritten bewahre ich den Käse auf."

Da sagte der König: „Gut für dich, wenn du so reich bist!"

Aber der Schäfer antwortete: „Das ist gar nicht gut, sondern schlecht!"

Der König wunderte sich: „Wieso ist das schlecht, wo du doch von lauter guten Dingen sprichst?"

Darauf erwiderte der Schäfer: „Ach, der ganze Käse ist gammelig geworden, nichts als Mist ist mir geblieben."

Da sagte der König: „Das ist wahrhaftig schade, so ein Verlust!"

Und der Schäfer: „Im Gegenteil, das war sehr gut für mich!"

Der König fragte verständnislos: „Wieso das, Bruder?"

Der Schäfer erklärte: „Ich spannte Ochsen vor den Pflug, pflügte dreihundert Joch Ackerboden und säte Weizen aus."

Da sagte der König wieder: „Das war wirklich gut, daß du so viel Weizen gesät hast!"

Aber der Schäfer schüttelte den Kopf: „Überhaupt nicht gut, schlecht war es!" behauptete er.

Der König fragte verwirrt: „Was schon wieder?"

Darauf der Schäfer: „Der Weizen keimte nicht auf, lauter Buchen und Tannen sprossen aus dem Boden."

Da sagte der König mitleidig: „Ach, da hattest du fürwahr einen großen Schaden!"

Doch der Schäfer sagte: „Überhaupt keinen Schaden habe ich gehabt, im Gegenteil, einen großen Nutzen."

Und der König sagte ungläubig: „Wie konntest du einen großen Nutzen haben, wo doch der viele Weizen nicht aufgekeimt ist?"

Der Schäfer antwortete: „Weil sich ein so mächtiger Bienenschwarm auf die Buchen und Tannen setzte, daß weder Äste noch Wurzeln der Bäume zu sehen waren."

Da sagte der König: „Nun, dann ist es ja gut, wenn dir so viele Bienen zuflogen!"

Der Schäfer sagte: „Aber das Gute war recht bitter, keinen Pfifferling war es wert!"

Darauf der König: „Und warum?"

Der Schäfer erklärte: „Aber, die Julisonne brannte so heiß, daß der Honig und das Wachs zerfloß und sich über das ganze Tal ergoß.

Und der König sagte wieder: „Das war aber nun wirklich ein großer Schaden!"

Aber der Schäfer schüttelte den Kopf: „Überhaupt kein Verlust, ein großer Gewinn war es!"

Der König fragte erneut verständnislos: „Wieso das?"

Der Schäfer behauptete: „Ich fing einen Floh, tötete ihn, zog ihm die Haut ab und nähte aus dieser einen Sack. In diesen Sack goß ich so viel Honig und Wachs, daß ich damit dreihundert Wagen füllte."

Da rief der König: „Das ist nun, meiner Treu, eine Lüge!"

Und der Schäfer antwortete: „Es ist zwar eine Lüge, du hast jedoch alles für wahr gehalten. Aber ich habe dich jetzt schon lange genug an der Nase herumgeführt, gib mir also deine Tochter zur Frau, ich verdiente sie mir!"

Der König wußte vor Verlegenheit weder ein noch aus. Sein Wort mußte er jedoch halten und demnach seine Tochter dem klugen Schäfer geben. Der Schäfer überließ sie dem Reichen und der schenkte ihm so viele Güter, daß man sie weder aufzählen noch aufzeichnen konnte.

DES KÖNIGS SCHWIEGERSOHN UND DIE FLIEGENDE ALTE

Einst hatten ein Vater und eine Mutter einen Sohn und der träumte einmal, er sei des Königs Schwiegersohn. Als er am nächsten Morgen aufwachte, verriet er den Eltern, daß er etwas Wunderschönes geträumt habe. Die Eltern wollten, daß er ihnen den Traum erzähle, aber er sagte:

„Das sage ich euch um keinen Preis der Welt!"

Der Vater und die Mutter wurden zornig, verprügelten ihn, nannten ihn einen Starrkopf und jagten ihn aus dem Haus. Was sollte der Bedauernswerte nun tun? Wohin sollte er sich wenden? Da er nicht wußte wohin, lief er auf die Landstraße.

Lange stand er weinend auf der Straße, als schließlich ein königlicher Bote vorbeikam und ihn anredete:

„Guten Tag, Junge!"

Und der Junge antwortete:

„Guten Tag! Wie geht es dir und was machst du?"

„Gottseidank gut, ich bin gesund, aber warum weinst du?"

„Ach, Brüderchen, ich hatte einen Traum. Vater und Mutter zwangen mich, ihnen den Traum zu schildern, aber ich wollte es nicht. Deshalb verprügelten sie mich, nannten mich einen Starrkopf und jagten mich aus dem Haus."

„Nun gut, wenn du deinen Eltern den Traum nicht schildern wolltest, erzähle ihn mir. Ich bin ein königlicher Bote und werde alles dem König sagen. Sollte es etwas Angenehmes sein, könnte es dir Nutzen bringen."

„Und wenn du der König selbst wärst, ich erzähle es dir nicht!"

Der Bote ging seiner Wege und als er zum König kam, erzählte er ihm von seiner Begegnung mit dem weinenden Jüngling. Da befahl der König einem anderen Boten, den Knaben zu finden und ihn zu ihm zu bringen.

Der Bote führte den Befehl aus.

Jetzt fragte auch der König den Jungen nach seinem Traum, aber der antwortete starrköpfig und kühn:

„Ich sage es dir nicht!"

„Und weißt du eigentlich, wer ich bin?" fragte der König. „Weißt du, daß ein König alles machen kann? Wenn du mir deinen Traum nicht schilderst, lasse ich dich hinrichten!"

Aber der Junge erwiderte:

„Auch wenn du der König bist, ich erzähle dir meinen Traum nicht!"

Da ließ ihn der König in ein Zimmer einsperren, das an einen großen Raum grenzte, in welchem die Königstochter wie in einem Käfig lebte. Da saß nun unser armer Jüngling und zerbrach sich den Kopf, wie er sich helfen könnte. Gegen Abend hörte er plötzlich ein leises klirrendes Geräusch. Wie das Klirren von Löffel und Gabel hörte es sich an. Er schaute sich um, suchte die dünnste Stelle in der Wand, um sich ein Loch zu bohren, durch welches er ins Nebenzimmer lugen könnte.

Als er damit fertig war, erspähte er die schlafende Prinzessin. Am Kopfende ihres Bettes brannte eine bunte Kerze und am Fußende eine weiße. Schlafende Dienerinnen umringten sie und auf dem Tisch lag eine Menge köstlicher Speisen. Der Jüngling zwängte sich vorsichtig durch das Loch, schlich sich an den Tisch und verschmauste alles, bis zum letzten Krümel und Tropfen. Dann stellte er die bunte Kerze ans Fußende des Bettes der Prinzessin und die weiße neben ihren Kopf, schlüpfte zurück in sein Zimmer und verdeckte geschickt das Loch in der Wand.

Als die Königstochter am nächsten Morgen aufwachte, bemerkte sie sofort, daß jemand die Kerzen umgestellt hatte und der Tisch leer war. Sie beschuldigte die Dienerinnen und schalt sie. Die Dienerinnen beteuerten hoch und heilig ihre Unschuld, aber die Prinzessin glaubte ihnen nicht. Sie ließ dem Vater melden, daß sich nachts jemand in ihr Zimmer schleiche und alle Speisen und Getränke aufesse und austrinke. Und daß sie den Dienerinnen befohlen habe, die Kerzen bei ihrem Kopf und ihren Füßen nicht zu vertauschen.

Die Prinzessin verdächtigte auch weiterhin die Dienerinnen. Um den Dieb, der alles aufißt und austrinkt und zudem auch noch die Kerzen vertauscht, zu erhaschen, rieb sie sich die Augen mit einem Zauberkraut ein, um auch im Schlaf sehen zu können, was im Zimmer geschieht.

Der Abend kam, und nach zwei, drei Stunden schlüpfte der Jüngling wieder durch das Loch ins Zimmer und aß und trank den Tisch leer. Dann stellte er die bunte Kerze zu den Füßen der Prinzessin und die weiße ans Kopfende des Bettes.

Er wollte sich schon davonschleichen, da faßte ihn die Prinzessin bei der Hand. Als sie jedoch sah, wie anmutig der Jüngling war, begann sie ihn auszufragen, wer er ist und woher er kommt, was ihn hergeführt hat und warum er jetzt in diesem Zimmer eingekerkert ist. Er erzählte ihr alles, die Prinzessin hörte ihm aufmerksam zu und schickte ihn danach zurück in sein Zimmer.

Am nächsten Morgen verlangte die Prinzessin von ihrem Vater doppelt soviel Speisen und Getränke wie bisher. Sie sagte, ihre Dienerinnen seien hungrig und durstig. Der König tat, was sie verlangte und von nun an schmausten und vergnügten sich das schöne Mädchen und der Jüngling bis zu dem Tag, da man die Prinzessin für volljährig und heiratsfähig erklärte.

Als dies die Prinzessin erfuhr, schrieb sie sofort ihrem Vater, daß sie nur den Jüngling heiraten werde, der es zustande bringt, eine Lanze über den Schutzwall ihrer Festung zu werfen. Der König ließ seine Würdenträger, Wesire und Paschas kommen und befahl ihnen, am nächsten Freitag ihre Söhne zu bringen. An diesem Freitag führte der König seine Tochter in den Hof und ließ auch eine Lanze bringen. Auf Wunsch der Prinzessin befahl er allen Bewerbern, die Lanze über den Festungswall zu werfen. Alle jungen Männer wetteiferten vergeblich, keiner brachte die Lanze über die halbe Höhe des Festungswalls.

Die Prinzessin bat nun ihren Vater, den Gefangenen, den er vor drei Jahren in ihr Nebenzimmer einsperren ließ, holen zu lassen und sich von seiner Manneskraft zu überzeugen. Sie höre, behauptete sie, durch die Wand seinen Atem und seine Schreie. Der König war sehr erstaunt und sagte, er hätte den Gefangenen schon vergessen und gedacht, er wäre längst tot. Nach vielem Hin und Her, befahl er schließlich, den Gefangenen zu bringen und war nicht wenig überrascht, als er den schönen, kräftigen Jüngling sah. Er gefiel ihm sehr und gewann ihn sofort lieb. Er reichte ihm die Lanze, befahl ihm zu versuchen, sie über den Festungswall zu werfen und wartete gespannt, was der Jüngling zuwege bringen wird. Die vornehmen Herrn und ihre Söhne lachten über den Jüngling und spotteten:

„Wenn wir, die Söhne Mohammeds, die Lanze nicht über den Wall werfen konnten, wie sollte der es fertigbringen!"

„Ha-ha-ha, armseliger Tropf!"

Aber diese Spöttelei verstummte bald und verwandelte sich in schweigendes Staunen, als sie sahen, daß der Jüngling die Lanze um dreißig Ellen höher als alle anderen warf, und daß sie sich bis zur Hälfte in einen Steinblock einbohrte. Als der König sah, wie stark der Jüngling war, zeichnete er ihn vor allen aus, ungeachtet dessen, daß er von niedriger Herkunft und ein Gefangener war. Er ernannte ihn zum Heerführer, gab ihm die Prinzessin, seine wunderschöne Tochter, zur Frau und beschenkte das junge Paar mit reichen Gütern.

Den eingebildeten Söhnen der Wesire war das gar nicht recht und sie platzten fast vor Neid. Um der Königstochter den Jüngling zu verleiden, beschlossen sie, mit ihm eine Wette abzuschließen. Sie verpflichteten sich, am kommenden Freitag ein Abendessen zuzubereiten, für tausend Gäste, welche der königliche Schwiegersohn mit seiner Frau mitbringen müsse. Sollten es nicht genau tausend Gäste sein, müsse ihnen der frischgebackene Ehemann seine Frau und sein

Geleite überlassen. Beide Seiten willigten ein und sie besiegelten die Wette schriftlich.

Als der Tag des großen Essens anbrach, rief der königliche Schwiegersohn seine Gefolgschaft zusammen. Es kamen aber nur neunhundertfünfundneunzig Menschen.

Der königliche Schwiegersohn machte sich mit seiner Frau und den neunhundertfünfundneunzig Gefährten auf den Weg. Nach einer Weile trafen sie einen Mann, der lag auf dem Weg und preßte sein Ohr auf die Erde. Der königliche Schwiegersohn grüßte ihn:

„Guten Tag, Brüderchen!"

„Guten Tag, Herr!"

„Sag, was machst du da?"

„Eigentlich nichts, ich habe nichts zu tun, also höre ich mir an, wie das Gras wächst."

Als dies der junge Ehemann hörte, sagte er:

„Brüderchen, möchtest du dich nicht meiner Gefolgschaft anschließen? Die Söhne der Wesire haben mich zu einem Festmahl eingeladen, komm mit uns, es würde dir dort bestimmt gut ergehen!"

Der Mann war einverstanden und so hatte der königliche Schwiegersohn schon neunhundertsechsundneunzig Leute.

Als sie weitergingen, trafen sie einen Mann, der stand wie eine Salzsäule da und drehte nur den Kopf nach allen Seiten. Der königliche Schwiegersohn fragte ihn, was er hier mache und auf wen er warte, und der Mann antwortete, er habe mit einem Vogel gewettet, daß er schneller laufen, als der Vogel fliegen könne. „Und bitte!" sagte er, „jetzt warte ich hier schon drei Stunden und noch immer ist von dem Vogel nichts zu sehen."

Der königliche Schwiegersohn staunte über die schnellen Beine des Mannes und fragte ihn:

„Brüderchen, möchtest du dich nicht meinem Gefolge anschliessen? Die Söhne der Wesire haben mich zu einem Festessen eingeladen, sicher würde es auch dir dort gefallen!"

Der Mann sagte ja, und nun hatte der königliche Schwiegersohn schon neunhundertsiebenundneunzig Leute im Gefolge.

Sie gingen weiter und stießen auf einen Mann, der in den Himmel starrte. Der königliche Schwiegersohn fragte ihn, auf was er hier warte und nach was er Ausschau halte. Und der Mann sagte, er hätte eine Lanze in den Himmel geworfen. „Und bitte!" erklärte er, „jetzt warte ich hier schon drei Stunden, und von der Lanze ist noch immer nichts zu sehen!"

Der königliche Schwiegersohn lud auch ihn ein, und so hatte er schon neunhundertachtundneunzig Menschen im Gefolge.

Nach einer Weile trafen sie wieder einen Mann, und zwar so einen, der für sich allein dreihundert Kilo Schmalznudeln gekocht hatte. Das war ihm jedoch zum Frühstück nicht genug gewesen, also kratzte er jetzt mit einer Schäferaxt noch dreihundert Kilo Hammelfett aus dem Faß.

Der königliche Schwiegersohn grüßte ihn und der Mann erwiderte seinen Gruß.

„Was machst du denn da?" fragte er den Mann neugierig.

„Eigentlich nichts", antwortete der Vielfraß. „Ich habe mir nur zu wenig Nudeln für mein Frühstück gekocht, also kratze ich noch das Fett aus dem Faß, ich bin nämlich noch nicht satt."

Der königliche Schwiegersohn lud auch ihn ein und der Mann ging gern mit. Nun hatte er schon neunhundertneunundneunzig Gefolgsmänner. Sie setzten ihren Weg fort und stießen auf noch einen Mann. Dieser hatte einen ganzen See leergetrunken, stand nun inmitten des Schlammes und betrachtete vergnügt die im Schlick zappelnden Fische.

„Was treibst du denn da?" fragte der königliche Schwiegersohn, nachdem sie sich begrüßt hatten.

„Ehrlich gesagt, überhaupt nichts. Ich hatte heute morgen ein schwaches Frühstück, also habe ich hier ein paar Schlückchen Wasser getrunken und schaue jetzt diesem Gewürm zu, wie es im Schlick krabbelt und zappelt."

Sie nahmen auch ihn in die Gefolgschaft auf. Und der durstige Bruder war froh, er konnte den versprochenen Schmaus kaum erwarten. Nun hatte der königliche Schwiegersohn genau tausend Mann im Gefolge und führte sie zum großen Festessen.

Als sie dort ankamen, stiegen sie von ihren Pferden und ruhten sich ein Weilchen aus. Die Söhne der Wesire hatten das Essen schon vorbereitet und für die Gäste waren Speisen und Getränke in Hülle und Fülle vorhanden. Nicht einmal viertausend Gäste hätten alles aufessen und austrinken können.

Der königliche Schwiegersohn schickte den Vielfraß, dem dreihundert Kilo Nudeln und dreihundert Kilo Hammelfett nicht genügt hatte, nachsehen, wie es hier mit den Speisen und Getränken steht.

Der Vielfraß nahm einen Kochlöffel und ging von Kessel zu Topf, von Topf zu Kessel. Hier biß er ein Stück ab, dort fischte er etwas heraus, bis alles bis zum letzten Krümel verputzt war. Zum Schluß trank er auch alle Getränke aus und sagte nachher zum königlichen Schwiegersohn, er habe alles allein aufgegessen, sei aber noch immer hungrig.

Da rief der königliche Schwiegersohn die Söhne der Wesire und verlangte von ihnen, da sie die Wetten verloren hatten, ihre Frauen. Die Besiegten begannen ihn jedoch zu bitten, ihnen ihre Frauen nicht wegzunehmen und auf eine zweite Wette einzugehen. Sollte er auch diese gewinnen, würden sie ihm nicht nur ihre drei Frauen, sondern ihr ganzes Vermögen geben.

Der königliche Schwiegersohn willigte ein und die Söhne der Wesire schlugen vor, einen Ofen zu erhitzen bis er glühte, der königliche Schwiegersohn müsse dann einen Mann aus seinem Gefolge bestimmen, den man in den Ofen werfen würde. Wenn er nicht verbrennt, gehört alles ihm, sollte er aber verbrennen, muß ihnen der königliche Schwiegersohn seine Frau und sein Vermögen überlassen.

Als der Ofen vor Hitze rot glühte, befahl der königliche Schwiegersohn dem, der den See ausgetrunken hatte, in den Ofen zu springen. Der sprang hinein und spuckte sofort das ganze Seewasser aus. Im Handumdrehen war das Feuer erloschen.

Nun sahen die Söhne der Wesire, daß sie auch diese Wette verloren hatten und der Schreck fuhr ihnen in alle Glieder. Sie baten den königlichen Schwiegersohn um noch eine Wette. Sie sagten, sie hätten ein altes Weib, welches fliegen könne, mit diesem solle einer der Gefolgsmänner um die Wette laufen. Er müsse auf der Erde laufen, während die Alte durch die Luft fliegen werde. Und wer als erster Wasser aus der Quelle hinter dem Berg bringt, der hat gewonnen.

Da rief der königliche Schwiegersohn:

„Bringt mir aus meinem Gefolge jenen Mann, der mit einem Vogel um die Wette lief und um drei Stunden früher als der Vogel im Ziel war!"

Der Läufer kam, die Söhne der Wesire gaben ihm einen Krug und der fliegenden Alten einen ausgehöhlten Kürbis. Die Alte flog, der Läufer lief und war dennoch als erster bei der Quelle. Er schöpfte den Krug voll, da flog die Alte herbei, riß ihm den vollen Krug aus der Hand und warf ihm den leeren Kürbis vor die Füße. Dann flog sie so schnell sie konnte zurück.

Während der Läufer den Kürbis vollschöpfte, war die Alte schon weit weggeflogen, aber der, der das Gras wachsen hören konnte, vernahm das Rauschen ihrer Flügel und eilte zum königlichen Schwiegersohn und rief:

„Die Alte hat unseren Läufer überlistet, sie hat ihm den vollen Krug weggenommen und ihm den leeren Kürbis in die Hände gedrückt. Sie wird bald hier sein, ich höre schon wie sie fliegt!"

Da rief der königliche Schwiegersohn jenen Mann, der seine Lanze so hoch in den Himmel hinaufgeworfen hatte, daß sie nach drei Stunden noch immer nicht auf die Erde zurückgefallen war. Als dieser die Alte heranfliegen sah, schleuderte er eine Lanze hinauf in die Wolken und traf die Alte in die Brust. Sie plumpste auf die Erde, und der Läufer kam mit dem Wasser ins Ziel.

Der königliche Schwiegersohn nahm sich die Frauen und das ganze Vermögen der Wesire, kehrte mit seiner Gefolgschaft gesund und munter in seinen Palast zurück, wo er in Reichtum und Zufriedenheit bis ans Ende seiner Tage lebte.

EIN MÄDCHEN WIE MILCH UND BLUT

Es ging einmal ein Königssohn im Morgengrauen auf die Jagd. Wie er so durch den Schnee stapfte, fing seine Nase zu bluten an. Er betrachtete das rote Blut auf dem weißen Schnee und dachte sich: ‚Ei, wenn ich doch ein Mädchen zur Frau bekäme, das weiß wie Schnee und rot wie Blut wäre!'

Er wanderte weiter durch den Schnee, sah im Geist seine zukünftige Braut und die war weiß wie Schnee und rot wie Blut, da trat ihm eine Greisin in den Weg. Er fragte sie, ob es nicht irgendwo auf der Welt so ein Mädchen gäbe. Die Greisin erzählte ihm, daß in einem dichten Wald ein Häuschen stehe, es habe aber keine Tür, nur ein kleines Fenster, durch welches man aus- und eingehen kann. In diesem Häuschen lebt angeblich so ein Mädchen. „Aber", warnte ihn die Greisin, „Söhnchen, kein einziger, der bisher durch dieses Fenster ins Häuschen geschlüpft war, ist je wieder herausgekommen!"

„Bei meiner Seele", rief der Königssohn, „ich gehe hin, geschehe, was da wolle! Führt ein Weg dorthin?" fragte er noch.

Als dies die Greisin hörte, tat ihr der Jüngling leid. Sie zog aus dem Ausschnitt ihrer Bluse ein Stück Brot heraus und reichte es dem Königssohn mit den Worten: „Hier hast du ein Stück Brot, behüte es wie deinen Augapfel!"

Der Königssohn nahm das Brot und ging weiter. Nach einiger Zeit begegnete er einer zweiten Greisin. Sie fragte ihn, wohin er gehe und er erzählte ihr, daß er auf der Suche nach so und so einem Mädchen sei. Die Greisin wollte ihn davon abbringen, warnte ihn und sagte ihm dasselbe wie die erste. Aber er erwiderte:

„Mütterchen, und wenn ich nie mehr wiederkommen sollte, ich gehe hin!"

Auch diese Greisin beschenkte ihn. Sie gab ihm eine kleine

Haselnuß und sagte: „Behüte diese Haselnuß, sie wird dir gute Dienste leisten!“ Der Königssohn nahm die Haselnuß und wanderte weiter. Es dauerte nicht lange, da traf er eine dritte Greisin. Sie saß neben einem Bach und auch sie fragte ihn, wohin er gehe. Er sagte ihr, um welches Mädchen er werben wolle. Als dies die Greisin hörte, begann sie bitterlich zu weinen und bat ihn, sich das Mädchen aus dem Kopf zu schlagen. Sie warnte ihn mit denselben Worten wie die anderen zwei Greisinnen. Aber der Königssohn wollte nichts davon hören. Da gab ihm die Greisin eine Walnuß und sagte: „Nimm diese Walnuß, behüte sie gut, sie wird dir sehr nützlich sein!“

Der Königssohn wunderte sich über diese merkwürdigen Geschenke und fragte die Greisin, warum ihm die erste Greisin ein Stück Brot, die zweite eine Haselnuß und sie eine Walnuß gegeben hat. Die Greisin erklärte ihm: „Wenn du bei dem Häuschen ankommst, wirf das Brot den wilden Tieren vor, damit sie dich nicht zerreißen. Und wenn du in Bedrängnis geraten wirst, frage zuerst die Haselnuß und dann die Walnuß um Rat.“

Der Königssohn machte sich wieder auf den Weg, bis er in einem dichten Wald das Häuschen entdeckte. Als er zum Häuschen kam, sprangen ihn von allen Seiten wilde Tiere an. Schnell zog er das Brot aus der Tasche und warf es den Tieren vor, wie es ihm die dritte Greisin geraten hatte. Als die Tiere das Brot rochen, zogen sie sofort die Schwänze ein, schlossen die Rachen und legten sich friedlich ins Gras.

Aber was weiter? Das Häuschen hatte keine Tür und das Fenster war hoch, unmöglich hinaufzuklettern! Plötzlich bemerkte er, daß eine Frau ihr goldgelbes Haar aus dem Fenster hängen ließ. Er sprang hin, hielt sich an den Haaren fest und kletterte an ihnen hinauf, und husch! hinein zum Fenster. Und was sieht er da? Vor ihm stand ein Mädchen wie Milch und Blut!

Sie gefielen einander und das Mädchen sagte: „Du hast Glück, daß meine Mutter nicht daheim ist, daß sie gerade jetzt im Wald Kräuter sammelt, mit welchen sie alle meine Bewerber in Tiere verwandelt.

Die hätten dich zerrissen, wenn du ihnen nicht das Brot zugeworfen hättest. Komm, laß uns lieber fliehen!"

Sie liefen durch den Wald, so schnell sie ihre Beine trugen. Nach einer Weile schauten sie sich um, ob ihnen die Mutter nicht auf den Fersen sei. Zutiefst erschrocken bemerkten sie, daß sie schon ganz nahe hinter ihnen war und sie jeden Augenblick einholen würde. In höchster Not erinnerte sich der Königssohn an die Haselnuß, nahm sie aus der Tasche und fragte sie: „Um Himmels willen sag mir, was soll ich jetzt tun?"

Und die Haselnuß sagte: „Knacke mich!"

Kaum hatte er sie geknackt, strömten aus ihr zwei reißende Wildbäche hinaus. Die versperrten der Mutter den Weg. Sie berührte jedoch das Wasser mit ihrem Zauberstab, die Wellen traten auseinander, und wieder war sie hinter ihnen her.

Als die Fliehenden sahen, daß sie sie wieder einholte, zog der Königssohn die Walnuß aus der Tasche und rief: „Jetzt sage mir du, Walnuß, was ich machen soll!" Und auch die Walnuß sagte: „Knacke mich!"

Kaum hatte der Königssohn die Walnuß geknackt, loderten aus ihr so mächtige Flammen empor, daß fast der ganze Wald Feuer fing. Aber die Mutter des Mädchens spuckte in die Flammen, das Feuer erlosch und im Nu hatte sie die beiden wieder eingeholt.

‚Jetzt ist es aus mit mir!' sagte sich der Königssohn. Plötzlich verdunkelte sich der Himmel, es donnerte und blitzte und es begann in Strömen zu gießen. In diesem Unwetter verlor die Mutter die Fliehenden aus den Augen.

So hatten die guten alten Mütterchen dem Königssohn noch ein letztes Mal geholfen.

Der Königssohn kehrte mit dem Mädchen wie Milch und Blut nach Hause zurück und bald wurde Hochzeit gefeiert.

KLEIDER MACHEN LEUTE

Ein König hatte eine außergewöhnlich schöne Tochter, sein einziges Kind. Er war so stolz auf sie, daß er hochmütig wurde und im ganzen Land verlautbaren ließ, seine Tochter nur dem Jüngling zur Frau zu geben, der erraten würde, was für ein Muttermal sie hatte. Diesem würde er auch das halbe Königreich überlassen. Den, der es jedoch nicht erraten könnte, würde er in ein Lamm verwandeln oder enthaupten lassen.

Diese seltsame Botschaft verbreitete sich im ganzen Land. Aus allen Ecken und Enden kamen Brautwerber, aber vergeblich! Alle wurden in Lämmer verwandelt oder kamen um ihre Köpfe.

Auch ein armer, aber sehr schlauer Bursche erfuhr die Botschaft. Auch ihn lockte das schöne Mädchen und das halbe Königreich. Er machte sich also auf den Weg, aber nicht um ihre Hand zu erbitten, sondern um die Königstochter zu sehen und ihr eine Frage zu stellen.

Er kam in den Königspalast und da geschah etwas Seltsames: eine große Schar schwarzer und weißer Lämmer umringten ihn, sprangen um ihn herum und blökten, als wollten sie ihn von seinem Vorhaben abhalten, damit es ihm nicht so ergehe wie ihnen, oder daß er gar um seinen Kopf komme.

Als dies der Jüngling sah, bekam er es mit der Angst zu tun und wollte schon das Weite suchen, aber ein schwarzgekleideter Mann hielt ihn zurück. Er fuhr ihn an: „Halt! Wohin willst du? Komm zurück, jetzt ist es zu spät!“

Also kehrte der Bursche um und ging zur Königstochter. Die erwartete ihn bereits und fragte: „Willst auch du um meine Hand anhalten?“

„Nein, verehrte Prinzessin. Mir ist nur zu Ohren gekommen, daß du, sobald der richtige Augenblick gekommen sein wird, heiraten willst. Also bin ich gekommen, um dich zu fragen, ob du nicht ein Brautkleid brauchst."

„Was für ein Kleid?" fragte sie.

Der Jüngling antwortete:

„Ich habe eine Hose aus Marmor, ein Hemd aus Tautropfen, einen Schleier aus Sonnenstrahlen, geschmückt mit Sternen und dem Mond, Schuhe aus reinstem Gold, die weder gewebt noch gehämmert sind. Wenn du es kaufen willst, befehle, und ich bringe dir das Kleid. Aber eines sage ich dir, wenn du die einzelnen Stücke anprobieren wirst, darf außer uns beiden niemand dabei sein. Sollten sie dir gefallen und passen, werden wir uns über den Preis schnell einigen. Sollten sie dir nicht gefallen oder dich nicht kleiden, werde ich sie niemandem zeigen, sondern für meine Braut aufbewahren."

Die Königstochter ließ sich überreden und befahl ihm, die Sachen zu bringen. Es bleibt rätselhaft wie er es anstellte, sicher ist nur, daß er das Kleid wirklich brachte.

Die beiden sperrten sich allein in ein Zimmer ein. Die Königstochter zog sich zuerst die Hose an, und der Jüngling betrachtete sie von der Seite, ob er nicht irgendwo ihr Muttermal erspähen könne.

Er hatte Glück. Er entdeckte, daß sie unter ihrem rechten Knie einen goldenen Stern hatte. Er sagte jedoch kein Wort, dachte sich nur: ‚Heute ist mir das Glück begegnet und verläßt mich nie wieder!'

Der Königstochter saß alles wie angegossen, also bezahlte sie die verlangte Summe. Der Jüngling nahm das Geld, kam nach einigen Tagen prächtig gekleidet zum König und sagte: „Erhabener König, ich komme, um die Hand deiner Tochter zu bitten. Gib sie mir zur Frau!"

„Gut", sagte der König, „weißt du aber auch, wie man um die Hand meiner Tochter werben muß? Gib gut acht: Wenn du nicht errätst, was für ein Muttermal sie hat, bist du tot, wenn du es aber errätst, gebe ich sie dir und mit ihr mein halbes Königreich."

Der Jüngling verbeugte sich vor dem König und sagte: „Ich grüße dich, mein König und Schwiegervater! Denn wenn es so ist, gehört sie mir. Sie hat einen goldenen Stern unter ihrem rechten Knie."

Der König wunderte sich sehr, woher dies der Jüngling wissen konnte. Es blieb ihm jedoch nichts anderes übrig, als die Hochzeit vorzubereiten. Als aber der König dem Jüngling das halbe Königreich schenken wollte, sagte der Bräutigam: „Ich schenke dir das versprochene halbe Königreich, wenn du allen armen Lämmern und umgekommenen Jünglingen ihre menschliche Gestalt wieder zurückgibst!"

Darauf antwortete der König: „Das ist nicht in meiner Macht, das kann nur meine Tochter vollbringen."

Also bat der junge Bräutigam seine Braut und die forderte ihn auf: „Stich mich unter dem Stern ins Knie und reibe alle diese Unglücklichen mit meinem Blut ein. Sie werden dann wieder zu dem, was sie früher waren."

Der Bräutigam machte es und alle Lämmer verwandelten sich in Jünglinge, und er lud sie zur Hochzeit ein. Auf dem Hochzeitsfest vergnügten sie sich und sangen und wurden mit guten Speisen und Wein bewirtet. Nach der Hochzeit kehrten alle nach Hause zurück, nur unser Held blieb bei seiner jungen Frau.

Wer weiß, was danach mit ihnen geschah, wer könnte sich heute noch daran erinnern?

DAS ASCHENBRÖDEL

Es saßen einst Mädchen spinnend neben einer tiefen Grube, während sie Hornvieh weideten. Da kam ein kahlköpfiger Greis mit einem bis zum Gürtel herabhängenden weißen Bart zu ihnen und sagte: „Mädchen, hütet euch vor dieser Grube, denn die Mutter des Mädchens, dem die Spindel in die Grube fallen würde, würde sich sofort in eine Kuh verwandeln.“

Nur diese paar Worte sagte er und ging fort. Die Mädchen wunderten sich und rückten noch näher an den Rand der Grube. Sie beugten sich über den Abgrund und schauten hinunter, ob er wirklich so tief sei. Da rutschte einem Mädchen, dem schönsten, die Spindel aus der Hand und fiel in die Grube.

Als das Mädchen am Abend nach Hause kam, konnte sie ihre Mutter nicht finden. Sie hatte sich in eine Kuh verwandelt, stand vor dem Haus und muhte. Was sollte das arme Mädchen machen? Es führte von nun an auch diese Kuh mit den anderen auf die Weide.

Und der unglückliche Vater?

Als ihn nach einiger Zeit das Alleinsein verdroß, heiratete er eine Witwe, die ihre Tochter mit ins Haus brachte. Die Stiefmutter haßte ihre Stieftochter hauptsächlich deshalb, weil sie um vieles schöner als ihre eigene Tochter war. Sie erlaubte ihr nicht einmal, sich zu waschen, kämmen oder umzukleiden. Sie quälte sie unaufhörlich und machte ihr das Leben schwer.

Eines Morgens gab die Stiefmutter der Stieftochter einen Korb voll Flachs und sagte: „Wenn du dies alles heute nicht zu Garn spinnst und aufhaspelst, wage ja nicht, mir am Abend unter die Augen zu treten, denn es würde dir schlimm ergehen!“

Das Mädchen ging mit dem Vieh auf die Weide und spann aus Leibeskräften.

Zu Mittag, als sich die Tiere in den Schatten legten, sah es, daß sich der Hanf im Korb fast nicht verringert hatte. Verzweifelt brach es in Tränen aus.

Als dies die Kuh, die verwandelte Mutter, sah, fragte sie das Mädchen, warum es so weine. Die Tochter erzählte ihr der Reihe nach alles. Die Kuh tröstete sie und sagte, sie solle sich nicht grämen. „Ich schlucke den Hanf hinunter, wiederkäue ihn, und wenn aus meinem Ohr das Garn herausragen wird, fasse es und spule es auf."

So geschah es auch. Die Kuh schluckte den Hanf, wiederkäute ihn, und das Mädchen zog das fertige Garn aus dem Ohr der Kuh und spulte es auf.

Als das Mädchen am Abend seiner Stiefmutter das riesige Garnknäuel gab, wollte die ihren Augen nicht trauen, schüttelte den Kopf und gab der Stieftochter am nächsten Tag noch mehr Hanf mit. Aber das Mädchen wurde auch diesmal damit fertig und brachte am Abend ein noch größeres Garnknäuel. Da dachte sich die Stiefmutter, daß Freundinnen dem Mädchen helfen.

Am dritten Tag lud sie dem Mädchen noch mehr Hanf auf und schickte ihm heimlich ihre Tochter nach, um herauszufinden, wer dem Mädchen bei der Arbeit hilft. Die Stieftochter beobachtete aus einem Versteck, wie die Kuh den Hanf schluckte und das Mädchen das fertige Garn aufspulte. Sie lief nach Hause und erzählte alles der Mutter.

Nun bestand die böse Stiefmutter darauf, die Kuh zu schlachten. Der Mann versuchte, seine Frau umzustimmen, aber was konnte er machen? Die Frau ließ sich nicht überzeugen, schließlich wurde er der Streitigkeiten überdrüssig und versprach, die Kuh zu schlachten.

Als dies die Tochter erfuhr, brach sie in herzzerreißendes Weinen aus. Die Kuh fragte sie, warum sie weine und die Tochter erzählte ihr wie und was. Da sagte die Kuh: „Sei ruhig, Töchterchen, weine nicht! Aber wenn sie mich töten, esse kein Fleisch von mir, sondern sammle meine Knochen auf und vergrabe sie hinter dem Haus unter dem großen Stein. Und wenn es dir schlecht gehen sollte, komm und setze dich auf den Stein!“

Sie schlachteten die Kuh und begannen ihr Fleisch zu essen, aber das Mädchen wollte nichts davon anrühren. Es redete sich aus, keinen Hunger zu haben. Dann sammelte es alle Knochen auf und vergrub sie unter dem Stein, wie es die Kuh befohlen hatte.

Das Mädchen hieß Mara. Weil es aber alle Arbeit im Haus verrichten mußte, den Boden scheuern, heizen und kochen, das Feuer schüren, die Asche hinaustragen, nannten sie die Stiefmutter und ihre Tochter Aschenbrödel.

An einem Sonntag, als sich die Stiefmutter mit ihrer Tochter aufgeputzt in die Kirche rüsteten, fiel dem Aschenbrödel eine hölzerne Schüssel voll Hirse aus den Händen. Die Stiefmutter schrie

zornig: „Aschenbrödel, wenn du diese Hirse nicht bis zum letzten Körnchen aufgeklaubt und das Essen fertiggekocht hast bis wir aus der Kirche kommen, kannst du was erwarten!"

Die beiden gingen fort und das Waisenmädchen sagte sich weinend: ‚Das Essen macht mir keine Sorgen, aber wer kann schon diese winzigen Hirsekörnchen aufklauben?' Da erinnerte es sich an die Worte der Kuh: „Wenn es dir schlecht gehen sollte, komm an mein Grab!" Sofort eilte die Tochter hin, und siehe da! Auf dem Grab stand eine offene Truhe voll kostbarer Kleider. Auf dem Deckel der Truhe saßen zwei weiße Tauben und die sagten dem Mädchen: „Wähle dir ein Kleid aus, Mara, ziehe es an und geh in die Kirche. Wir werden inzwischen die Hirsekörnchen aufklauben und das Mittagessen zubereiten."

Freudestrahlend zog Mara das erstbeste Kleid aus der Truhe. Es war aus reinster Seide. Sie zog es an und ging in die Kirche. Alle Männer und Frauen in der Kirche bewunderten die Unbekannte, ihre Schönheit, und verschlangen mit den Augen ihr Kleid. Am meisten bewunderte sie ein junger Mann. Niemand kannte ihn, niemand wußte woher er gekommen war. Es war ein Königssohn!

Kurz vor Schluß des Gottesdienstes stahl sich Mara aus der Kirche und lief nach Hause. Sie legte das Kleid in die Truhe, die schloß sich von selbst und verschwand. Dann sprang sie zum Herd, aber dort war das Essen schon zubereitet, die Hirse war aufgeklaubt und alles war sauber. Als die Stiefmutter und die Stieftochter von der Kirche heimkamen, sahen sie erstaunt, daß alles fertig war.

Am nächsten Sonntag rüsteten sich Mutter und Tochter wieder in die Kirche, doch bevor sie weggingen, verstreuten sie noch mehr Hirse über den Boden, und die Stiefmutter sagte, wie am vergangenen Sonntag: „Wenn du nicht alle Hirsekörnchen aufklaubst, das Essen zubereitest und alle Arbeiten verrichtest während wir in der Kirche sind, kannst du was erleben!"

Als die beiden fort waren, ging Mara zum Grab der Mutter, und wieder fand sie dort die geöffnete Truhe, auf deren Deckel zwei

Tauben saßen. Sie sagten: „Zieh dich an, Mara, und geh in die Kirche. Wir klauben inzwischen die Hirse auf und kochen das Mittagessen."

Diesmal wählte Mara ein Kleid aus reinem Silber, zog es an und ging in die Kirche. Man bewunderte sie nun noch mehr und der Königssohn ließ sie nicht aus den Augen. Als sich der Gottesdienst jedoch seinem Ende zuneigte, gelang es Mara, unbemerkt aus der Kirche zu entkommen. Sie lief nach Hause. Sie zog schnell das Kleid aus, legte es in die Truhe, schlüpfte in ihre alten Lumpen und lief zum Herd. Als die Stiefmutter mit ihrer Tochter heimkam, wunderten sich die beiden, daß die Hirse aufgeklaubt, das Essen fertiggekocht und alles rein und sauber aufgeräumt war.

Als der dritte Sonntag anbrach, rüstete sich die Stiefmutter mit ihrer Tochter wieder in die Kirche, und diesmal verstreute die Stiefmutter noch mehr Hirse im Zimmer und sagte: „Wehe dir, wenn nicht alle Hirse aufgeklaubt, das Essen fertiggekocht und alles sauber ist, wenn wir aus der Kirche kommen!"

Kaum waren die beiden aus dem Haus, lief Mara zum Grab ihrer Mutter und fand wieder die offene Truhe mit den zwei Tauben, die ihr sagten, sie solle sich getrost anziehen und in die Kirche gehen und sich wegen der Arbeit keine Sorgen machen. Sie nahm sich ein Kleid aus reinem Gold, zog es an und ging in die Kirche.

In der Kirche bewunderten und bestaunten sie alle noch mehr. Der Königssohn hatte sich vorgenommen, diesmal das Mädchen nicht verschwinden zu lassen. Vor Schluß des Gottesdienstes, als sich Mara durch die Menschenmenge drängte, folgte er ihr. In der Eile verlor sie den rechten Schuh, und weil sie keine Zeit hatte, ihn zu suchen, lief sie barfuß nach Hause. Der Königssohn hob den Schuh auf. Als Mara nach Hause kam, zog sie sich schnell um, legte das Kleid in die Truhe und stellte sich an den Herd.

Der Königssohn durchwanderte dann mit dem Schuh das ganze weite Königreich. Jedem Mädchen probierte er ihn an, aber dem einen war er zu eng, dem anderen zu groß, zu weit oder zu kurz, keinem einzigen paßte er. Und wie er so von Tür zu Tür ging, kam er auch zum Haus des Vaters unseres Aschenbrödels. Als die Mutter den Königssohn mit dem Schuh kommen sah, versteckte sie die schöne Stieftochter schnell unter einem Trog. Und als der Königssohn eintrat und fragte, ob sie ein Mädchen habe, sagte sie ja und zeigte ihm ihre Tochter. Er probierte ihr den Schuh an, versuchte ihren Fuß hineinzuzwängen, aber vergeblich, mit Müh und Not stopfte er ihre Zehen in den zierlichen Schuh.

Da fragte der Königsohn, ob im Haus noch ein anderes Mädchen wohne, aber die Stiefmutter log ihn an und behauptete, es wäre keines da. Plötzlich sprang ein Hahn auf den Trog und kikerikiete: „Kikeriki, hört und staunt alle hier, ein Mädchen sitzt unter dem Trog!" Schnell verjagte die Stiefmutter den Hahn, schwang einen Stock und rief: „Hesch, hesch, fort! Daß dich der Adler holt!"

Der Königssohn hatte den Hahn jedoch recht gut verstanden, er lief zum Trog, hob ihn auf, und siehe da! Unter dem Trog kauerte das Mädchen, welches er in der Kirche bewundert hatte. Es hatte sogar dasselbe goldene Kleid an, nur am rechten Fuß hatte es keinen Schuh an. Der Königssohn war glückselig. Er zog dem Mädchen sofort den Schuh an, und als er sah, daß er nicht nur wie angegossen saß, sondern auch haargenau zum linken paßte, führte er unser Aschenbrödel in seinen Palast und heiratete es.

Und die böse Stiefmutter und ihre aufgeputzte Tochter hatten das Nachsehen.

STOJSCHA UND MLADEN

Es war einmal ein König, der hatte drei Töchter. Er hielt sie versteckt und erlaubte ihnen nicht, auszugehen. Als sie das heiratsfähige Alter erreicht hatten, führte sie der Vater zum ersten Mal zum Tanz aus. Aber kaum hatten sie zu tanzen begonnen, fegte ein Wirbelsturm durch die Luft und trug alle drei Mädchen hinaus in die weite Welt.

Der König erschrak sehr, als er ihr Verschwinden bemerkte. Sofort schickte er seine Diener nach allen Seiten, um seine drei Töchter zu suchen. Als jedoch die Diener mit der Nachricht zurückkehrten, daß die Mädchen nirgends zu finden seien, erkrankte der König vor Gram und starb. Nach einiger Zeit brachte die Königin einen Sohn zur Welt und gab ihm den Namen Stojscha. Er entwickelte sich zu einem prächtigen Jüngling, wie selten einer.

An seinem achtzehnten Geburtstag fragte Stojscha seine Mutter: „Mutter, hast du außer mir keine Kinder gehabt?“ Da seufzte die Mutter und brach in Tränen aus. Sie verriet ihrem Sohn jedoch nicht, daß sie vor ihm drei Töchter gehabt hatte und was mit ihnen geschehen war. Sie hatte Angst, Stojscha könnte sich auf die Suche nach seinen Schwestern machen. Als Stojscha seine Mutter immer wieder weinen sah, bedrängte er sie und bat, sie möge ihm die ganze Wahrheit sagen. Schließlich erzählte sie ihm alles, daß sie drei wie Rosen schöne Töchter gehabt hatte, wie sie plötzlich verschwanden, daß man nach ihnen die ganze Welt abgesucht habe, daß jedoch alles vergeblich gewesen sei.

Stojscha hörte seiner Mutter aufmerksam zu, dann sagte er: „Weine nicht, Mutter, ich werde sie finden!“

Aber die Mutter rief händeringend: „Ich Unglückselige! Soll ich nun auch meinen Sohn verlieren?“

Sie begann ihm zuzureden, bat ihn inständig, sie nicht zu verlassen, es sei alles schon so lange her, wer weiß, ob die Schwestern überhaupt noch lebten! Aber Stojscha war nicht mehr umzustimmen und sagte: „Sage mir, Mutter, wo ist die Waffe, die mein Vater, der König, getragen hat? Wo ist sein Pferd, welches er geritten hat?“ Als die Mutter einsah, daß Stojscha nicht nachgeben werde, verriet sie ihm, daß der Vater sein Pferd ins Gehege gesperrt und die Waffe auf den Dachboden geworfen hatte. Stojscha fand nach kurzem Suchen die verstaubte und verrostete Waffe auf dem Dachboden, reinigte sie und putzte sie blank, daß sie wie neu blitzte. Dann sprang er ins Gehege, fand dort das Pferd seines Vaters und führte es nach Hause in den Stall. Er fütterte und striegelte es sorgfältig, und schon nach einem Monat war das Pferd wie zu des Königs Zeiten, flink wie ein Vogel. Und es hatte Drachenflügel.

Als Stojscha reisefertig war, fragte er die Mutter: „Mutter, hast du vielleicht ein Andenken an meine Schwestern? Irgendetwas, woran sie erkennen würden, daß ich ihr Bruder bin, wenn ich sie finden sollte.“ Die Mutter antwortete weinend: „Mein Sohn, ich habe hier drei Halstücher, die sie mit eigenen Händen gewebt und gestickt haben.“ Sie brachte die drei Halstücher und gab sie ihm. Stojscha küßte seiner Mutter die Hand, schwang sich aufs Pferd und ritt hinaus in die Welt.

Lange, sehr lange irrte er in der Welt umher, bis er eines Tages bei einer Stadt anlangte. Vor der Stadt stand ein Brunnen, aus welchem alle Stadtbewohner ihr Wasser schöpften.

Stojscha ging zum Brunnen, löschte seinen Durst und legte sich in den Schatten, um auszuruhen. Um sich gegen die Fliegen zu schützen, bedeckte er sein Gesicht mit einem der Halstücher. Nach einer Weile kam eine Frau mit ihrem Wassereimer zum Brunnen und sah Stojscha im Schatten liegen. Als sie das Tüchlein bemerkte, seufzte sie tief auf. Auch nachdem sie den Eimer vollgeschöpft hatte, ließ sie Stojscha nicht aus den Augen, denn sie hatte das Tüchlein erkannt. Stojscha beobachtete sie und fragte: „Warum betrachtest du mich so, Frau, hast du vielleicht schon lange keinen Menschen mehr gesehen, oder ist dir etwas aufgefallen?" Sie antwortete: „Es ist mir aufgefallen, mein lieber Junge, daß du das Tuch hast, welches ich mit eigenen Händen gestickt habe."

Da stand Stojscha auf und fragte sie, woher sie komme und von welchem Hause sie abstamme. Und sie verriet ihm, daß sie eine Königstochter aus dieser und dieser Stadt sei, daß man sie mit ihren zwei Schwestern vor langer Zeit während eines Tanzes entführt hatte.

Als dies Stojscha hörte, gab er sich zu erkennen: „Ich bin dein Bruder. Du erinnerst dich vielleicht, daß deine Mutter ein Kind erwartete, als ihr beim Tanz von einem Sturmwind weggetragen wurdet." Die Schwester erinnerte sich an alles und warf sich ihrem Bruder an die Brust und rief: „Mein lieber Bruder, alle drei sind wir hier in den Krallen von Drachen! Drei Drachen sind es, Brüder, die haben uns entführt und halten uns in ihren Palästen gefangen." Dann nahm sie ihn bei der Hand und führte ihn in ihren Palast.

Die Schwester bewirtete ihn reichlich, als jedoch der Abend nahte, sagte sie: „Lieber Bruder, in einer Weile wird der feuerspeiende Drache herbeifliegen. Aus seinem Rachen lodern unentwegt Flammen, darum muß ich dich verstecken, du könntest sonst verbrennen. Komm, verstecke dich!"

Aber Stojscha fragte sie: „Sage mir, Schwester, was gibst du diesem Drachen zu essen?" Die Schwester führte ihn ins Nebenzimmer und da war ein gebratener Ochse, ein Ofen voll Brot und ein Faß Wein vorbereitet. „Das ist seine Speise!" sagte die Schwester.

Stojscha setzte sich mit gekreuzten Beinen auf den Boden und aß alles, bis zum letzten Krümel auf. Dann sprang er auf die Beine und sagte: „Ach, Schwester, es hätte auch mehr sein können!" Die Schwester machte Stojscha aufmerksam: „Jetzt wird der Drache eine Keule vor das Haus schleudern, damit jeder weiß, daß er auf dem Heimweg ist!" Und wirklich, im nächsten Augenblick hörte man schon das Sausen der über das Dach fliegenden Keule. Stojscha lief hinaus, packte die Keule im Flug und schleuderte sie über dem

Drachen hinweg bis ins nächste Dorf. Der Drache fragte sich erstaunt: ‚Was für eine Kraft wirbelt da aus meinem Haus?' Er kehrte um, holte sich die Keule und flog nach Hause.

Als er vor dem Haus ankam, ging ihm die Königstochter entgegen und der Drache fuhr sie an: „Wen hast du da im Palast?" Sie antwortete: „Meinen Bruder." Der erzürnte Drache schrie: „Und was will er hier?" Darauf sie: „Mich besuchen." Der Drache brüllte höhnisch: „Was du nicht sagst! Er ist dich nicht besuchen, sondern holen gekommen!"

Stojscha hörte sich das Gespräch der beiden an, dann ging er hinaus. Als ihn der Drache bemerkte, stürzte er sich auf ihn, aber Stojscha faßte ihn um den Leib und sie begannen zu kämpfen. Plötzlich hob Stojscha den Drachen in die Luft, schmetterte ihn auf die Erde, kniete sich auf ihn und fragte: „Was wirst du jetzt machen?" Der Drache antwortete: „Wenn ich auf dir knien würde, wüßte ich, was ich zu tun habe!"

„Aber ich, ich lasse dich frei!" sagte Stojscha und stand auf.

Da nahm ihn der Drache bei der Hand, führte ihn in den Palast und bereitete ein Festessen, welches eine ganze Woche dauerte. Danach zeigte ihm der Drache den Weg zur Stadt, in welcher der Palast des zweiten Drachens stand, und wo er alles über den dritten Drachen erfahren würde.

Stojscha machte sich reisefertig, verabschiedete sich von seiner Schwester und seinem Schwager und ging zum zweiten Drachen. Er kam zu einer Stadt, und vor der Stadt stand ein Brunnen, aus dem alle Stadtbewohner ihr Wasser schöpften. Stojscha löschte seinen Durst, legte sich in den Schatten und bedeckte sich das Gesicht mit dem Tüchlein, um sich vor lästigen Fliegen zu schützen. Kurz darauf kam eine Frau mit einem Wassereimer, sah Stojscha im Schatten liegen, und als sie das Tüchlein bemerkte, seufzte sie tief auf. Auch während sie Wasser schöpfte, schaute sie Stojscha unentwegt an, denn sie hatte das Tuch wiedererkannt.

Stojscha beobachtete sie und fragte: „Frau, warum starrst du mich so an? Hast du vielleicht schon lange keinen Menschen mehr gesehen, oder ist dir etwas aufgefallen?“ Die Frau antwortete: „Mir ist aufgefallen, daß du das Tüchlein hast, welches ich mit eigenen Händen gewebt und bestickt habe.“ Da sprang Stojscha auf und so wie der ersten Schwester sagte er auch ihr, daß er ihr leiblicher Bruder sei. Da warf sie sich ihrem Bruder weinend in die Arme.

Hand in Hand gingen sie in den Palast des Drachens. Die Schwester bewirtete ihn reichlich, und als die Nacht nahte, sagte sie: „Brüderchen, gleich wird der grimmige Drache nach Hause kommen, aus seinem Rachen lodern Flammen, darum möchte ich dich verstecken, du könntest sonst verbrennen. Komm, verstecke dich!“

Aber Stojscha fragte: „Schwester, sage mir, was gibst du dem Drachen zu essen?“ Sie führte ihn ins Nebenzimmer und da standen zwei gebratene Ochsen, zwei Ofen voll Brot und zwei Fässer Wein bereit. Stojscha setzte sich mit gekreuzten Beinen auf den Boden und aß alles bis zum letzten Krümel auf. Dann sprang er auf und rief: „Ei, Schwester, es hätte mehr sein können!“

Und die Schwester sagte: „Jetzt ist der Drache über dem vorletzten Dorf und wird gleich eine Keule vor unser Haus werfen, damit jeder weiß, daß er auf dem Heimweg ist.“ Kaum hatte sie ausgesprochen, sauste schon die Keule über dem Dach durch die Luft. Stojscha lief hinaus, packte die Keule noch im Flug und schmetterte sie bis ins dritte Dorf zurück. Als dies der Drache sah, fragte er sich verwundert: ‚Was für eine Kraft wirbelt da aus meinem Haus?‘ Er kehrte um, holte sich die Keule und flog nach Hause.

Als er vor dem Haus ankam, ging ihm die Königstochter entgegen und der Drache schrie sie an: „Wen hast du da im Palast?“ „Meinen Bruder“, antwortete sie. „Und warum ist er gekommen?“ fragte der Drache. „Besuchen ist er mich gekommen!“ sagte sie. Der wütende Drache brüllte: „Was du nicht sagst! Der ist nicht gekommen um dich zu besuchen, sondern um dich zu holen!“

Stojscha hörte das Gespräch der beiden und ging hinaus. Als ihn der Drache bemerkte, stürzte er sich auf ihn, aber Stojscha faßte ihn um den Leib und der Kampf begann. Schließlich warf Stojscha den Drachen zu Boden, kniete sich auf ihn und fragte: „Was wirst du jetzt machen?“ Und der Drache antwortete: „Wenn ich auf dir knien würde, wüßte ich, was ich zu tun hätte!“

„Aber ich, ich lasse dich frei!“ sagte Stojscha und stand auf. Da nahm ihn der Drache bei der Hand, führte ihn in den Palast und bereitete ein Festessen, welches eine ganze Woche dauerte.

Nach einer Woche fragte Stojscha den Drachen nach seinem dritten Schwager und der Drache erklärte ihm den Weg zur Stadt, in der die Paläste des dritten Drachen standen.

Stojscha machte sich reisefertig, verabschiedete sich von seiner Schwester und seinem Schwager und machte sich auf den Weg zum dritten Drachen.

Lange, sehr lange wanderte er, bis er wieder vor eine Stadt kam. Auch hier stand ein Brunnen, der die ganze Stadt mit Wasser versorgte. Stojscha löschte seinen Durst, legte sich in den Schatten und bedeckte sein Gesicht mit einem der drei Tüchlein. Bald darauf kam eine Frau mit ihrem Wassereimer. Als sie Stojscha und das Tuch bemerkte, seufzte sie schmerzlich. Auch während sie Wasser aus dem Brunnen schöpfte, verschlang sie ihn mit den Augen, denn sie hatte das Tuch wiedererkannt.

Stojscha beobachtete sie und fragte: „Frau, was starrst du mich so an? Hast du vielleicht schon lange keinen Menschen mehr gesehen, oder ist dir etwas aufgefallen?“ Die Frau antwortete: „Mir ist aufgefallen, Jüngling, daß du das Tüchlein hast, welches ich mit eigenen Händen bestickt habe.“ Da sprang Stojscha auf und verriet ihr, daß er ihr leiblicher Bruder sei. Und sie warf sich ihrem Bruder weinend in die Arme.

Hand in Hand gingen sie dann in den Palast. Sie bewirtete ihn reichlich und als die Nacht nahte, sagte sie: „Brüderchen, der Drache wird bald herbeifliegen. Aus seinem Rachen lodern Flammen, darum möchte ich dich verstecken, du könntest sonst verbrennen. Komm, verstecke dich!“

Aber Stojscha fragte: „Schwesterchen, was gibst du diesem Drachen zu essen?“ Sie führte ihn ins Nebenzimmer, und da standen drei gebratene Ochsen, drei Öfen voll Brot und drei Fässer Wein bereit.

„Das ist seine Nahrung“, sagte die Schwester. Stojscha setzte sich mit gekreuzten Beinen auf den Boden und aß alles bis zum letzten Krümel auf. Dann sprang er auf die Beine und sagte: „Schwester, es hätte auch mehr sein können!“ Nun sagte sie: „Jetzt fliegt der Drache über das drittletzte Dorf und wird von dort eine Keule vor unser Haus werfen, damit jeder weiß, daß er auf dem Heimweg ist.“ Im nächsten Augenblick sauste auch schon die Keule über das Dach. Stojscha lief hinaus, packte die Keule im Flug und schmetterte sie zurück bis ins vierte Dorf. Der Drache fragte sich verwundert: ‚Was für eine Kraft

wirbelt da aus meinem Haus heraus?' Er kehrte um, holte sich die Keule und flog nach Hause.

Als er vor dem Haus ankam, ging ihm die Königstochter entgegen und der Drache schrie sie an: ,,Wen hast du da in meinem Palast?" Sie antwortete: ,,Meinen Bruder." ,,Und warum ist er gekommen?" fragte der Drache. Sie antwortete: ,,Um mich zu besuchen!" Der wütende Drache brüllte: ,,Was du nicht sagst! Er ist nicht zu Besuch gekommen, er will dich von hier wegbringen!"

Stojscha, der alles gehört hatte, ging hinaus. Als ihn der Drache sah, stürzte er sich auf ihn, aber Stojscha faßte ihn um den Leib. Er überwältigte den Drachen, warf ihn zu Boden, kniete sich auf ihn und fragte: ,,Was wirst du jetzt machen?" Der grimmige Drache antwortete: ,,Wenn ich auf dir knien würde, wüßte ich, was ich zu tun hätte!"

,,Aber ich, ich lasse dich frei!" sagte Stojscha und stand auf. Da nahm ihn der Drache bei der Hand, führte ihn in den Palast und bereitete ein Festessen, welches eine ganze Woche dauerte.

Einmal machte Stojscha mit dem Drachen einen Spaziergang. Wie sie so über den Hof schlenderten, entdeckte Stojscha ein riesiges Loch in der Erde. ,,Was ist das hier, Schwager? Wie kannst du auf deinem eigenen Hof so eine abgrundtiefe Kluft dulden? Warum schüttest du das Loch nicht zu?" fragte er den Drachen neugierig.

Der Drache antwortete: ,,Ehrlich gesagt, Schwager, ich schäme mich, es dir zu sagen. Unweit von hier lebt ein mächtiger Drachenfürst. Er kämpft oft gegen uns und bald ist es so weit, daß wir uns wieder mit ihm schlagen müssen. Aber er überwältigt uns jedesmal und nur der kann sich retten, der in dieses Loch hier flüchtet!"

Da sagte Stojscha: ,,Komm, Schwager, rücken wir ihm zu Leibe, solange ich noch hier bin. Jetzt da wir vier sind, werden wir ihn vielleicht besiegen." Aber der Drache wehrte sich: ,,Solange nicht der richtige Augenblick gekommen ist, wage ich mich nicht zu rühren."

Als Stojscha sah, daß sie nicht den Mut hatten, den Drachenfürsten herauszufordern, schwang er sich aufs Pferd und machte sich allein auf die Suche nach ihm.

Bald nach der ersten Rast kam er zu einem Palast, auf dessem Dach ein Hase saß. Erstaunt fragte Stojscha die Höflinge, was der Hase auf dem Dach zu bedeuten habe. Und die Höflinge erklärten ihm: „Sollte sich jemand finden, der den Hasen vom Dach wirft, würde sich der Hase selbst schlachten, selbst tranchieren und selbst braten. Aber das würde keiner, dem sein Leben lieb ist, wagen."

Als dies Stojscha hörte, flog er wie der Wind aufs Dach und warf den Hasen hinunter. Der Hase schlachtete sich sogleich, balgte sich ab, tranchierte sich und legte sich aufs Feuer. Stojscha stieg auf das flache Dach des Drachenpalastes und legte sich in den Schatten.

Die Höflinge rieten ihm, zu fliehen: „Lauf, Jüngling, wohin dich die Augen führen, denn wenn dich der Drache hier findet, bist du verloren!"

„Was kümmert mich euer Drache! Wenn er heimkommt, hat er wenigstens etwas zum Essen!"

Nach kurzer Zeit kehrte der schreckliche Drache heim. Er bemerkte sofort, daß der Hase verschwunden war und brüllte die Höflinge an: „Wer hat das getan?"

„Ein verwegener Jüngling ist auf seinem Pferd hergeritten, hat den Hasen heruntergeworfen und liegt jetzt auf dem Dach im Schatten", erzählten sie dem Drachen.

Der Drache schrie: „Geht, sagt ihm, er soll auf der Stelle aus dem Palast verschwinden, denn wenn ich ihn fasse, bleibt kein einziger seiner Knochen ganz!"

Die Höflinge gingen zu Stojscha und sagten ihm, was der Drache befohlen hatte, aber Stojscha fuhr sie an: „Geht und sagt eurem Drachen, er soll mit mir kämpfen, wenn es ihm um den Hasen leid tut!"

Als sie dies dem Drachen meldeten, loderten Flammen aus seinem Rachen und wutentbrannt flog er aufs Dach des Palastes. Stojscha faßte ihn um den Leib und der Kampf begann. Der Jüngling ließ sich zwar nicht unterkriegen, aber den Drachen konnte er nicht zu Boden werfen.

Schließlich fragte Stojscha den Drachen: „Wie heißt du?" Der Drache antwortete: „Ich heiße Mladen." Da sagte Stojscha: „Ich bin auch der Jüngste. Nun, Mladen, was machen wir jetzt?" Daraufhin brachen beide in Lachen aus, verbrüderten sich und schworen einander, in brüderlicher Eintracht zu leben.

Nach einiger Zeit schlug Stojscha dem Drachen vor: „Warum wartest du immer auf diese Drachen, die sich vor dir in die Grube verkriechen? Komm, überfallen wir sie, solange es Zeit ist!"

Der Drachenfürst willigte ein und sie zogen gemeinsam gegen die Drachen. Als die drei Drachen erfuhren, daß sich ihr Schwager mit dem Drachenfürsten verbrüdert und ihnen den Kampf angesagt hatte, fuhr ihnen der Schreck in alle Glieder. Sie bewaffneten ein riesiges Heer und zogen ihnen entgegen. Aber Stojscha und Mladen besiegten und zersprengten das ganze Heer. Die drei Drachen flohen und verkrochen sich in der Grube. Die verbrüderten Sieger trugen schnell Stroh zusammen, warfen es in die Grube und zündeten es an. Und die drei Drachen erstickten im Rauch und verbrannten im Feuer.

Stojscha bereitete dann alles für die Heimreise seiner Schwestern vor, packte die Schätze der drei Drachen ein und überließ deren Paläste und Reiche dem ihm verbrüderten Drachenfürsten. Er kehrte mit seinen drei Schwestern in sein Königreich zurück und die Mutter konnte ihre verlorenen Töchter nach langer Zeit in die Arme schließen. Stojscha übernahm dann das ganze Königreich und herrschte bis zu seinem Tod.

WIE DER SCHÄFER DIE KÖNIGSTOCHTER BEFREITE

Es lebte einst ein mausearmer Knabe, der hatte weder Vater noch Mutter, ja nicht einmal das Salz zum Brot, also machte er sich auf die Suche nach Arbeit.

Wie er so allein dahinwanderte, fand er auf einem großen Berg wunderschöne Erdbeeren. Er sagte sich:

„Ich bin wahrhaftig ausgehungert, nun kann ich mich endlich sattessen!“ und pflückte und aß die Beeren, bis er zum Bersten voll war.

Als er satt war, schien es ihm, als höre er ein seltsames Sausen und Brausen. Es wurde ihm unheimlich und so machte er sich lieber auf die Beine. Aber das Sausen und Brausen hörte nicht auf. Er blieb lauschend stehen und entdeckte, daß jedes Loch, jede Vertiefung im Boden etwas zu ihm sagte, oder miteinander plauderten.

„Ei, so etwas! Aber was soll's, wenigstens werde ich mich auch mit der Erde unterhalten können!“

Unbekümmert ging er weiter. Er überquerte den Bergpaß und kam in ein Dorf. Dort begegnete ihm ein Mann und fragte ihn:

„Wohin gehst du, Junge?“

„Ich suche Arbeit“, antwortete der Knabe.

„Also komm, weide und hüte meine Schafe, bei mir wirst du es nicht schlecht haben.

Und er führte den Knaben in sein Haus.

Der kleine Almhirte trieb jeden Tag die Schafe auf die Weide. Wenn er sich langweilte und nichts Besseres zu tun hatte, plauderte er mit Löchern und Gruben.

„Loch!“

„Was möchtest du wissen?“

„Was gibt es Neues in dir?“

„Eine Maus“, antwortete das Loch, je nachdem, was in ihm lebte: ein Maulwurf, eine Zieselmaus oder ein Wiesel.

In diesem Land lebte auch ein König, der hatte eine einzige Tochter. Einmal befahl ihr die Mutter etwas, das Mädchen weigerte sich, es zu tun und die Mutter schrie zornig, der Teufel solle sie holen. Seither war das Mädchen spurlos verschwunden.

Der König ließ seine Tochter auf der ganzen Welt suchen, aber niemand hatte sie je wiedergesehen. Schließlich ließ er verlautbaren:

„Wer immer meine Tochter findet, bekommt sie zur Frau, wäre er gleich ein Bettler!“

Einmal verlief sich unserem kleinen Schäfer ein Schaf und er ging es suchen. Auf seiner Suche kam er auf einen Berg und dort überraschte ihn die Nacht. Was jetzt? Hier im Freien zu übernachten, war nicht geheuer. Er hatte Angst vor wilden Tieren und suchte ein Versteck. Schließlich fand er eine kleine Sennhütte und sagte sich:

‚Geschehe was da wolle, ich gehe hinein!‘

Er ging hinein und sah eine Greisin neben dem Feuer am Spinnrad sitzen.

„Guten Abend, Mütterchen!“ grüßte er.

„Guten Abend, Söhnchen!“ erwiderte die Greisin seinen Gruß.

„Könnte ich vielleicht bei dir übernachten?“

Die Greisin antwortete:

„Aber ja! Woher kommst du?“

Und der kleine Schäfer erzählte ihr:

„Ich weidete die Schafe meines Herrn und eines hat sich verlaufen. Ich bin es suchen gegangen und habe mich selbst verirrt. So bin ich bis hierher gekommen.“

Da sagte die Greisin:

„Söhnchen, hier findest du dein Schaf nicht, denn hier weidet keine Herde. Aber übernachte hier, nur laufe morgen in aller Frühe weg,

bevor meine Söhne nach Hause kommen. Wenn sie noch heute heimkämen, das wäre gar nicht gut für dich!"

Dann gab sie ihm zu essen und er legte sich schlafen.

Als der Morgen graute, stand er auf und ging fort.

Er wanderte, wanderte und stand plötzlich vor riesigen Felswänden und steilen Abgründen. Vor Angst wagte er nicht einmal sie anzuschauen, geschweige denn, an ihnen vorbeizugehen. Und wieder sagte er sich:

‚Jetzt gebe ich auf, ich sehe schon, hier komme ich nicht weiter, aber ich will wenigstens diese Löcher fragen, was in ihnen ist!'

Und er redete eine Grube an.

„Was möchtest du wissen?" fragte die Grube.

„Was ist in dir?"

„Ein Löwe."

Er fragte eine zweite:

„Was ist in dir?"

Und die antwortete: „Ein Bär", die dritte sagte: „Ein Tiger." Schließlich fragte er eine große Höhle:

„Was ist in dir?"

Und die Höhle antwortete:

„Ein Teufel und eine Prinzessin."

Als er dies hörte, sagte er sich:

‚Guter Gott, was macht hier eine Prinzessin? Jetzt bleibt mir nichts anderes übrig, als hineinzuschauen, was auch immer mich dort erwartet.'

Er ging in die Höhle und wahrhaftig, da saß die Königstochter allein in einem Zimmer.

„Guten Tag!" grüßte er und sie antwortete:

„Guten Tag, aber ich könnte dich nicht begrüßen, wenn der Herr des Hauses hier wäre, denn der würde dich in Stücke reißen!"

„Und wo ist dein Herr?" fragte der Schäfer.

„Weggegangen, um nichts zu bringen, er ist nämlich ein Nichtstuer!"

„Und kommt er bald zurück?“

„Er kommt, ja er kommt! Daß er uns nur nicht überrascht! Lauf lieber fort, oder ich muß dich verstecken.“

Der kleine Schäfer bat sie:

„Verstecke mich, ich möchte dich befreien! Hole aus dem Teufel heraus, wovor er sich fürchtet und wann und wohin er gehen will. Wenn du willst, werde ich hier auf dich warten, wenn nicht, gehe ich fort, damit er mich nicht entdeckt.“

Die Prinzessin versteckte ihn schnell und kehrte ins Zimmer zurück. Bald darauf kam der Teufel mit einem vollen Sack Nichts, begann sofort herumzuschnuppern und schrie:

„Was heißt das, Frau, mir scheint, ich rieche Menschenfleisch!“

„Aber nein!“ sagte die Prinzessin und der Teufel gab sich damit zufrieden.

Dann setzte er sich an den Tisch und während er aß, plauderte er mit der Prinzessin. Sie fragte ihn nebenbei:

„Du läufst unentwegt in der Welt umher, hast du denn gar keine Angst?“

„Nein, ich habe vor nichts Angst“, antwortete der Teufel, „ich fürchte mich nur vor Elias. Ich bin ihm schon zweimal entwischt, aber wer weiß, wie es das dritte Mal ausgehen wird!“

Dann fügte er hinzu:

„Jetzt gehe ich für drei Tage fort, neun Böse wollen einen Unschuldigen anklagen, ich gehe sie mir holen.“

Als dies die Prinzessin hörte, freute sie sich und war überzeugt, daß ihr jetzt die Flucht gelingen werde. Der Teufel legte sich zu Bett und schlief sofort ein. Am nächsten Morgen befahl er ihr, sich zu benehmen, wie es sich gehört, und ging fort.

Nachdem der Teufel fortgegangen war, warteten die beiden einen Tag, dann packte die Prinzessin all ihre Habe zusammen und floh mit dem Schäfer. Der Weg neben den Felsen und Abgründen war unwegsam, sie mußten einen Umweg machen und verloren einen ganzen Tag. Am dritten Tag fegte hinter ihnen ein furchtbarer Sturm durch die Luft und entwurzelte alle Buchen. Da rief die Prinzessin:

„Ich sage dir, das ist der Teufel, es hat genauso getost und gebraust, als er mich entführte."

Während sie sich so unterhielten, holte sie der Teufel ein. Der Schäfer sprang zu einer Haselstaude, brach eine junge Haselgerte ab, blieb stehen und wartete. Der Teufel rannte zu ihm und schrie:

„Was soll das?"

„Du siehst doch!" sagte der Schäfer.

Der Teufel fuhr ihn an:

„Was steckst du deine Nase in Dinge, die dich nichts angehen?"

Darauf der Schäfer:

„Dies ist mein Mädchen!"

Der Teufel brüllte auf und stürzte sich auf ihn, aber der Knabe versetzte ihm einen Schlag mit der Haselgerte. Da blieb der Teufel stehen und forderte ihn auf:

„Schlag noch einmal zu!"

„Ich tu es nicht, jetzt bist du an der Reihe!" widersprach der Junge.

Darauf der Böse:

„Schlag zu, sage ich!"

„Ich tu es nicht", rief der Schäfer, „du bist an der Reihe!"

Der Teufel begann sich vor Wut aufzublähen, wurde rund wie ein Faß und zersprang in tausend Stücke. Der Schäfer nahm nun die Prinzessin bei der Hand, ging jedoch nicht mehr zurück zu seinem Herrn, sondern führte das Mädchen schnurstracks zum König.

Als der König erfuhr, daß seine Tochter auf dem Weg nach Hause war, hüpfte ihm das Herz vor Freude. Er lud alle seine Ratgeber und Minister ein, und als die zwei Jungen ankamen, bereitete er für sie ein glänzendes Hochzeitsfest.

So wurde aus dem kleinen Schäfer ein König, der zur Freude der Armen gerecht regierte.

DAS SELTSAME HAAR

Es lebte einst ein armer Mann, der hatte so viele Kinder, daß er sie, wie immer er sich anstrengte, nicht ernähren konnte. Schon mehrmals hatte er sich vorgenommen, sie lieber zu töten, als mitanzuschauen, wie sie hungerten. Aber seine Frau hatte ihn jedesmal daran gehindert. Eines nachts träumte er, ein fremdes Kind sei zu ihm gekommen und hätte gesagt: „Mann, ich weiß, du hast dir vorgenommen, deine unglücklichen Kinder aus der Welt zu schaffen. Ich weiß aber auch, wie elend du bist, darum will ich dir helfen. Morgen früh wirst du unter deinem Kopfkissen einen Spiegel, einen roten Schleier und ein besticktes Tüchlein finden. Nimm diese drei Sachen, zeige sie niemandem und geh in diesen und diesen Wald. Dort wirst du zu einem Fluß kommen. Geh diesen Fluß entlang, bis du zu seiner Quelle kommst. Dort wird ein Mädchen sitzen, schön wie die Sonne und mit bis über die Schultern herabhängendem Haar. Aber hüte dich, rede kein Sterbenswörtchen mit ihr, denn eine Silbe genügt und sie verwandelt dich in einen Fisch oder in ein anderes Tier und ißt dich auf. Wenn es dich aber auffordert, du sollst ihr den Kopf kraulen, tu es. Streichle und durchsuche ihr Haar so lange, bist du ein blutrotes Haar findest. Reiß es aus und fliehe damit, so schnell dich die Beine tragen werden. Wenn nämlich das Mädchen entdecken wird, was du getan hast, wird es dich verfolgen. Laß zuerst das bestickte Tüchlein fallen, dann den Schleier und zuletzt, wenn es dir schon zum Greifen nahe sein wird, den Spiegel. Das wird es aufhalten.

Verkaufe das Haar irgendeinem reichen Mann. Laß dich aber nicht betrügen, denn das Haar ist ein Vermögen wert. So wirst du reich werden und deine Kinder ernähren können.“

Als der Arme am nächsten Morgen aufwachte, fand er wirklich

alles, was ihm das Kind im Traum versprochen hatte, unter seinem Kopfkissen. Er brach sofort auf, ging in den Wald und wanderte entlang des Flußes stromaufwärts, bis er zu seiner Quelle kam.

Er schaute sich nach allen Seiten um, und es saß wirklich am Ufer des Flusses ein Mädchen, das fädelte in eine Nadel Sonnenstrahlen ein, und bestickte eine aus Jünglingshaaren gewebte Leinwand auf einem Stickrahmen. Er ging hin und verbeugte sich. Das Mädchen sprang auf und fragte ihn: ,,Woher kommst du, unbekannter Held?" Aber er sagte kein Wort. Sie forschte ihn weiter aus: ,,Wer bist du? Warum bist du gekommen?" und noch dies und das und jenes.

Der Arme schwieg wie ein Stein, nur mit den Händen fuchtelte er wie ein Stummer, der Hilfe sucht. Da forderte ihn die Schöne auf, sich neben ihr auf den Rand ihres Mantels zu setzen. Kaum hatte er es getan, neigte sie den Kopf, um sich von ihm kraulen zu lassen. Lange streichelte und durchsuchte er ihre Haare, bis er endlich das rote Haar entdeckte. Er riß es aus, sprang auf und rannte so schnell er konnte fort.

Als es das Mädchen entdeckte, lief es ihm Hals über Kopf nach. Bald sah der Arme, daß es ihn einholte. Er warf das bestickte Tüchlein auf den Boden, wie es ihm das Kind im Traum geraten hatte. Als das Mädchen das Tuch sah, hob sie es auf und betrachtete es von allen Seiten. Während es die prachtvolle Stickerei bewunderte, war der Arme ein gutes Stück weitergekommen. Dann steckte sich das Mädchen das Tuch hinter den Halsausschnitt und jagte dem Armen wieder nach.

Bald sah der Arme, daß er nur mehr einen ganz kurzen Vorsprung hatte und ließ den roten Schleier fallen. Das Mädchen bückte sich, betrachtete ihn bewundernd, hob ihn auf und vergaß wieder für eine Weile die Verfolgung. Der Arme hatte mittlerweile eine große Strecke zurückgelegt. Da wurde das Mädchen auf ihn und auf sich selbst zornig, warf das Tüchlein und den Schleier auf die Erde und rannte ihm in Windeseile nach.

Und als der Arme sah, daß sie ihn zum dritten Mal einholte, ließ er den Spiegel fallen. Das Mädchen, welches bisher noch nie einen Spiegel gesehen hatte, hob ihn auf, und als es in ihm ihr Gesicht sah, wußte es nicht, daß es das eigene Spiegelbild war. Es dachte, es sei eine andere Frau. Das Mädchen schaute, betrachtete sich verzückt und konnte sich an seinem Bild nicht sattsehen. Der Arme war inzwischen schon so weit weg, daß es ihn nicht mehr einholen konnte. Das Mädchen gab die Verfolgung auf und kehrte um, und der Arme kehrte glücklich nach Hause zurück.

Daheim zeigte er seiner Frau das Haar und erzählte ihr der Reihe

nach alles. Sie lachte ihn aus und nannte ihn einen Dummkopf. Er achtete jedoch nicht darauf und ging in die nächste Stadt, um das Haar zu verkaufen. Sofort umringten ihn viele Menschen und Käufer: einer bot ihm ein Goldstück an, ein anderer zwei, und so immer mehr und mehr, bis man ihm schließlich für das rote Haar hundert Golddukaten anbot.

Nun hörte auch der König von dem seltsamen Haar. Er ließ den Armen vorladen und bot ihm für das rote Haar tausend Goldtaler an. Und der Arme verkaufte ihm das Haar.

Was war das eigentlich für ein Haar? Der König riß es der Länge nach auseinander, und im Haar waren von oben bis unten, innen und außen, viele ruhmvolle Taten und Ereignisse aus uralten Zeiten, bis zur Entstehung der Welt, aufgezeichnet.

Danach lebte der einst arme Schlucker mit seiner Frau und seinen Kindern in Eintracht und Reichtum.

WIE DIE ARBEIT, SO DER LOHN

Einst lebte ein armer Mann. Ein Reicher nahm ihn in Dienst, sie vereinbarten jedoch nicht, wieviel er als Lohn bekommen wird.

Der Arme diente ein Jahr, und nach diesem Jahr ging er zu seinem Herrn und verlangte für seine Arbeit so viel, wieviel er sich verdiene.

Der Herr holte aus seiner Tasche eine Kupfermünze hervor und sagte: „Da hast du, das ist der Lohn für deine Dienste!"

Der Diener nahm die Kupfermünze, bedankte sich und ging zu einem klaren Bach. Dort blieb er stehen und überlegte: ‚Du lieber Gott, wie ist das nur möglich, daß ich für ein ganzes Jahr harter Arbeit nur diese lumpige Kupfermünze verdient habe? Aber wer weiß, vielleicht verdiene ich sie mir gar nicht! Nun, ich werde es gleich feststellen. Ich werfe die Münze ins Wasser, wenn sie nicht untergeht, habe ich sie mir verdient, wenn sie aber untergeht, gebührt sie mir nicht!' Er warf die Kupfermünze ins Wasser, die sank sofort auf den Grund und blieb liegen.

Der Diener fischte die Kupfermünze aus dem Wasser, brachte sie seinem Herrn und sagte: „Herr, hier gebe ich Euch den Kupfergroschen zurück, ich habe ihn mir noch nicht verdient, ich will Euch noch ein Jahr dienen!"

Und der arme Mann schuftete wie ein Sklave, und als das Jahr um war, ging er zu seinem Herrn und verlangte für seine Arbeit den verdienten Lohn. Der Herr zog wieder einen Kupfergroschen aus der Tasche und sagte: „Hier ist der Lohn für deine Arbeit!" Der Diener nahm das Geldstück und bedankte sich. Er ging zum klaren Bach, warf den Kupfergroschen ins Wasser und sagte: „Wenn ich mir diesen Kupfergroschen verdient habe, soll er auf dem Wasser schwimmen, wenn ich ihn nicht verdient habe, soll er auf den Grund sinken!"

Der Groschen sank wieder bis auf den Grund, der Diener fischte ihn heraus und ging zu seinem Herrn.

„Herr", sagte er, „hier gebe ich Euch den Kupfergroschen zurück, ich habe ihn mir noch nicht verdient, ich will Euch noch ein Jahr dienen!"

Er diente ein weiteres Jahr, und als es vorüber war, ging er zu seinem Herrn und verlangte für seine Arbeit den verdienten Lohn. Der Herr gab ihm wieder einen Kupfergroschen. Der Diener nahm ihn, bedankte sich und ging zum Bach. Er warf das Geldstück ins Wasser und sagte: „Wenn ich mir diesen Groschen verdient habe, soll er auf dem Wasser schwimmen, wenn ich ihn mir aber nicht verdiene, soll er auf den Grund sinken!" Und siehe da! der Groschen schwamm auf dem Wasser.

Erfreut steckte er den Groschen ein, ging in den Wald und baute sich eine kleine Hütte, wo er von nun an lebte.

Nach einiger Zeit erfuhr er, daß sein einstiger Herr auf einer Galeere übers Meer in ein anderes Königreich reisen wolle. Er ging mit dem Kupfergroschen zu ihm und bat ihn, in dem fremden Königreich mit diesem Kupfergroschen irgendetwas für ihn zu kaufen. Der Herr versprach es und fuhr auf der Galeere hinaus aufs Meer. Auf der langen Fahrt ankerte die Galeere einmal an einem Ufer, wo Kinder gerade einen Kater töten und ins Meer werfen wollten. Als dies der Herr sah, lief er zu ihnen und schalt sie: „Was treibt ihr denn da für einen Unfug, Kinder?" Die Kinder antworteten: „Er macht nichts als Schaden, also wollen wir ihn ertränken!" Der Herr nahm den Kupfergroschen aus der Tasche und bot ihn den Kindern für den Kater an. Die Kinder waren glücklich über das gute Geschäft und gaben dem Herrn den Kater. Der nahm ihn mit auf die Galeere, und weiter ging die Fahrt übers Meer. Eines Tages tobte ein furchtbares Unwetter über dem Meer, und der Sturm trieb die Galeere wohin er wollte. Drei Monate lang irrte sie auf dem Wasser umher. Als sich der Sturm legte, hatte der Herr keine Ahnung, wo sie sich befinden. Das Schiff fuhr aufs Geratewohl weiter, bis es schließlich vor eine Stadt kam.

Als die Bewohner der Stadt erfuhren, daß eine Galeere aus einem unbekannten Land im Hafen ankerte, liefen die Neugierigen in Scharen hin. Auch ein sehr reicher Mann war gekommen, und der lud den Reisenden zum Abendessen ein.

Als der Herr von der Galeere ins Haus des Gastgebers kam, bot sich ihm ein widerlicher Anblick. Überall wimmelte es von Mäusen und Ratten, die Diener schlugen unentwegt mit Stöcken auf sie ein, damit

sie sich nicht an die Speisen heranmachten. Da fragte der Reisende den Hausherrn: „Um Himmels willen, Bruder, was ist denn hier los?" Der Gastgeber antwortete: „Hier bei uns, Bruder, ist das so schon seit undenklichen Zeiten. Wegen dieser Biester können wir keine einzige Mahlzeit in Ruhe einnehmen. Und zum Schlafen hat jeder von uns seine eigene Truhe, in die wir uns nachts einsperren, damit uns die Mäuse und Ratten nicht die Ohren abnagen."

Der Reisende erinnerte sich an den gekauften Kater und sagte: „Ich habe auf der Galeere ein kleines Tier, das wird die Ratten und Mäuse in ein, zwei Tagen vertilgen."

Da rief der Gastgeber: „Bruder, wenn du so ein Tier hast, bring es schnell her, und wenn es wahr ist, was du sagst, fülle ich dein Schiff mit Gold und Silber."

Nach dem Abendessen ging der Reisende auf die Galeere, nahm den Kater, brachte ihn zu seinem Gastgeber und sagte den Hausbewohnern, daß sie nun nicht mehr in ihren Truhen schlafen müßten. Die wollten ihm jedoch nicht glauben. Der Herr ließ den Kater frei und legte sich sorglos draußen schlafen. Als der Kater die vielen fetten, dickbäuchigen Ratten und Mäuse sah, begann er sie zu haschen, erwürgte sie und schleppte sie alle auf einen Haufen in die Mitte des Zimmers. Die Mäuse und Ratten gerieten in Schrecken und flohen entsetzt nach allen Seiten.

Als die Hausbewohner am nächsten Morgen aufstanden, sahen sie erstaunt den Haufen toter Mäuse und Ratten in der Mitte des Zimmers. Nur da und dort liefen ein paar Mäuse verstört umher, oder lugte eine Ratte aus einem Loch. Nach drei Tagen war jedoch keine einzige Maus oder Ratte mehr zu sehen.

Der Gastgeber hielt sein Versprechen und füllte die Galeere mit Silber und Gold. So beschenkt kehrte der Reisende mit dem Kater heim.

Nach einiger Zeit kam der alte Diener zu ihm und fragte, was er ihm für den Kupfergroschen mitgebracht habe. Der Herr gab ihm einen, zu einem großen Würfel geschliffenen Marmorstein und sagte:

„Da hast du, das habe ich für deinen Groschen gekauft!" Der Diener freute sich sehr, trug den Stein in seine Hütte und zerschlug ihn in hundert kleine Steinchen.

Am nächsten Morgen ging der Diener Holz sammeln, und als er zurückkam, hatten sich die Steinchen in reinstes Gold verwandelt. Es funkelte und schimmerte wie die Sonne und die ganze Hütte strahlte. Dem Diener fuhr der Schreck in alle Glieder, er rannte zu seinem einstigen Herrn und rief: „Herr, was hast du mir da gegeben, das gehört mir nicht, komm, schau selbst!"

Der Herr ging in die Hütte, und als er das Wunder sah, bekam er es mit der Angst zu tun und gab seinem ehemaligen Diener alles, was er auf der Galeere mitgebracht hatte.

DER BÄRENJÜNGLING

Es lebte einst in einer Höhle ein Bär, der hatte einen Sohn. Er kümmerte sich um ihn, so gut er konnte. Ein Winter verging, ein Sommer verstrich, und der großgewordene Junge bestürmte den alten Bären:

„Laß mich in die Welt hinausziehen, ich will mein Glück versuchen!"

Der Bär riet ihm jedoch ab, er sei noch zu jung, zu unerfahren, in der Welt draußen gäbe es viele wilde Tiere, welche man Menschen nenne, die würden ihn umbringen.

Der Jüngling beruhigte sich und lebte weiter in der Höhle. Nach einiger Zeit sagte er aber wieder zum Bären:

„Ich gehe hinaus in die Welt, ich will mein Glück versuchen!" Vergeblich versuchte der Bär, ihn zurückzuhalten, den Jüngling lockte die Ferne. Da führte ihn der alte Bär unter eine grüne Buche und sagte: „Wenn du diese Buche mit den Wurzeln ausreißt, lasse ich dich in die Welt ziehen. Wenn du es aber nicht schaffst, bleibst du bei mir!"

Der Jüngling umklammerte die Buche, zerrte und rüttelte sie, aber er konnte sie nicht ausreißen. Also kehrte er mit dem Bären in die Höhle zurück. Bald überkam ihn aber wieder die Wanderlust und er sagte dem Bären, daß er in die Welt hinaus wolle. Der Bär führte ihn wieder zur Buche und befahl ihm, den Baum auszureißen. Der Jüngling umklammerte den Baum und rieß ihn mit einem Ruck aus der Erde. Der Bär befahl ihm, den Baum abzuästen, und mit dem Baumstamm auf den Schultern in die Welt zu ziehen.

Der Jüngling gehorchte dem alten Bären. Wie er so durch die Welt wanderte, kam er zu einem Feld, auf dem einige hundert Pflüger für ihren Landesherrn den Ackerboden pflügten. Der Jüngling ging zu den Pflügern und fragte sie, ob sie ihm nicht etwas zum Essen geben könnten. Sie sagten ihm, er solle eine Weile warten, man werde bald das Essen für sie bringen und gewiß wird auch für ihn genug vorhanden sein. Kaum hatten sie ausgesprochen, näherten sich auch schon viele von Pferden, Maultieren und Eseln gezogene Wagen mit dem Essen.

Der Bärenjüngling betrachtete die abgeladenen Speisen und behauptete, alles allein aufessen zu können. Die Pflüger sagten lachend: „Wie willst du allein aufessen, was für hunderte Menschen bestimmt ist?" Er beteuerte jedoch, daß er es könne und schloß eine Wette ab: sollte er verlieren, würde er ihnen seinen wuchtigen Knüppel schenken, sollte er aber gewinnen, müßten ihm die Pflüger alle eisernen Bestandteile der Pflüge geben. Die Pflüger stellten die Gefäße mit dem Mittagessen vor dem Jüngling auf die Erde, der ließ es sich schmecken und bald waren alle Töpfe leer.

Den Pflügern blieb nichts anderes übrig, als alle eisernen Bestandteile der Pflüge zusammenzutragen. Der Bärenjüngling riß einige junge Birken aus, flocht aus ihnen eine Trage für das gewonnene Eisen, befestigte die Trage an seinem Knüppel, dem Baumstamm, warf sich ihn auf die Schulter und ging zu einem Schmied, um sich eine eiserne Keule schmieden zu lassen.

Der Schmied machte sich an die Arbeit. Er sagte sich jedoch, daß er das Eisen gut gebrauchen könne, versteckte die Hälfte davon und schmiedete aus dem Rest eine minderwertige Keule. Dem Bärenjüngling kam sie sofort viel zu leicht vor, und er sah auch, daß der Schmied eine sehr schlechte Arbeit geleistet hatte. Um die Keule auszuprobieren, befestigte er sie an seinem Knüppel, schleuderte sie zum Himmel hinauf, und als sie wieder herunterfiel, fing er sie mit dem Rücken auf. Zum Unglück des Schmiedes, zersprang sie in tausend Stücke.

Der Bärenjüngling wurde zornig und erschlug mit seinem Knüppel den Schmied. Dann ging er ins Haus und fand das versteckte Eisen. Er lud es sich zusammen mit den Bruchstücken der Keule wieder auf und ging zu einem anderen Schmied. Er befahl ihm, aus dem gesamten Eisen eine gute Keule zu schmieden, damit es ihm nicht so ergehe, wie dem geizigen, faulen Schmied. Der Schmied hatte schon gehört, wie es seinem Nachbarn ergangen war, darum rief er alle seine Gehilfen und sie schmiedeten aus dem gesamten Eisen eine gute, wuchtige Keule. Sie befestigten die Keule an dem riesigen Knüppel, der Jüngling warf sie wieder hinauf zum Himmel, bückte sich und fing sie mit seinem Rücken auf. Diesmal barst die Keule nicht, sondern prallte von seinem Rücken zurück.

Der Bärenjüngling richtete sich auf und sagte: „Jetzt ist die Keule so, wie sie sein soll!“

Er warf sich die Keule über die Schulter und wanderte weiter. Nach einiger Zeit sah er einen Mann, der mit einem Ochsengespann sein Feld pflügte. Er ging zu ihm und fragte ihn, ob er nicht einen guten Bissen für ihn hätte. Der Mann antwortete: „Meine Tochter wird bald mit dem Essen kommen, wir werden es uns teilen.“ Der Bärenjüngling erzählte ihm dann, wie er das für hunderte Pflüger bestimmte Mittagessen allein aufgegessen hatte. „Ob ein Mittagessen für uns beide genug sein wird?“ fragte er. Da kam aber auch schon das Mädchen.

Der Vater und der Jüngling aßen tüchtig und beide wurden satt, ja es blieb sogar noch etwas übrig. Der Bärenjüngling betrachtete während des Essens bewundernd das Mädchen, denn es war schön wie ein Röslein. Und weil es ihm gefiel, fragte er den Vater: „Möchtest du mir deine Tochter nicht zur Frau geben?“ Der Vater antwortete: „Ich würde sie dir gern geben, aber ich habe sie schon dem Bärtigen versprochen.“ „Was kümmert mich der Bärtige? Den schmettre ich mit einem Schlag meiner Keule zu Boden!“ brüstete sich der Bärenjüngling. „Der Bärtige ist aber kein Schwächling! Du wirst es sofort selbst sehen!“ sagte der Vater.

Im gleichen Augenblick ertönte ein Brausen und über dem Gipfel des Berges tauchte die Hälfte eines Schnurrbartes auf. Dreihundertfünfundsechzig Vogelnester saßen in den Barthaaren. Kurz darauf tauchte auch die andere Hälfte des Schnurrbartes auf und dann der bärtige Riese selbst. Er sprang zu dem Mädchen, legte sich auf die Erde und forderte es auf, ihm den Kopf zu kraulen. Das Mädchen nahm seinen Kopf auf den Schoß und begann ihn zu kraulen. Da stand der Bärenjüngling auf und versetzte dem Bärtigen einen tüchtigen Schlag auf den Kopf. Der Bärtige kratzte sich mit dem Daumen die Stelle auf dem Kopf und sagte dem Mädchen: „Hier beißt mich irgendetwas!“

Der Bärenjüngling verpaßte ihm nun einen Schlag auf eine andere Stelle, aber der Bärtige kratzte sich wieder mit dem Daumen und sagte: „Jetzt hat mich hier etwas gebissen!“ Als der Bärenjüngling zum dritten Mal zuschlug, kratzte sich der Bärtige erneut und schrie wütend: „Bist du blind? Siehst du nicht, daß mich hier etwas beißt?“

Da sagte das Mädchen: „Gar nichts beißt dich! Hier dieser Mensch schlägt dich!“ Der Bärtige gab sich einen Ruck, sprang auf, aber der Bärenjüngling warf blitzschnell die Keule auf die Erde und rannte über das Feld davon. Der Bärtige setzte ihm mit langen Sprüngen nach. Der Bärenjüngling hatte flinkere Beine und gewann einen großen Vorsprung, aber der Bärtige verfolgte ihn hartnäckig.

Der Bärenjüngling rannte und rannte und kam zu einem Wasser, an dessen Ufer Leute in einer Scheune Weizen droschen und worfelten. Er rief ihnen zu: „Um Gotteswillen, Brüder, helft mir! Der Bärtige verfolgt mich. Was soll ich bloß machen? Wie komme ich übers Wasser?“ Da streckte einer der Drescher seine Schaufel über das Wasser und sagte: „Setz dich auf die Schaufel, ich werfe dich ans andere Ufer!“

Der Bärenjüngling zögerte nicht, setzte sich auf die Schaufel, der Drescher holte aus und warf ihn so leicht, als wäre er ein Weizenkorn, ans andere Ufer. Der Bärenjüngling nahm wieder die Beine unter die Arme.

Kurz darauf kam auch der Bärtige zur Scheune und fragte die Leute: „Ist hier nicht so und so einer vorbeigelaufen?“ Sie antworteten, daß tatsächlich so einer vorbeigelaufen sei. Der Bärtige fragte:

Und wie ist er über das Wasser gekommen?" Sie sagten: „Er hat es übersprungen. Der Bärtige nahm einen Anlauf und hopp! übers Wasser und dem Bärenjüngling nach! Er verfolgte den Fliehenden auf einem himmelhohen Berg und wurde todmüde. Als der Bärenjüngling auf dem Gipfel des Berges ankam, sah er auf einem gepflügten Acker einen Mann, dem ein Kornsack um den Hals hing. Der Mann nahm eine Handvoll Körner aus dem Sack und streute sie aufs Feld, dann eine zweite Handvoll Körner, schob sie in den Mund und kaute. Der Bärenjüngling rief ihm zu: „Bruder, hilf mir, der Bärtige verfolgt mich, jeden Augenblick wird er mich einholen! Versteck mich irgendwo!" Und der Mann sagte: „Der Bärtige kennt wahrhaftig keinen Spaß! Aber im Augenblick weiß ich nicht, wo ich dich verstecken könnte, am besten du springst in den Kornsack!"

Also versteckte sich der Bärenjüngling in den Kornsack. Als der Bärtige kam und nach dem Bärenjüngling fragte, sagte der Säer, daß dieser schon vor geraumer Zeit vorbeigekommen und wer weiß wohin gerannt sei. Und der Bärtige kehrte wütend und zeternd nach Hause zurück.

Der Bauer säte im Gedanken versunken weiter und vergaß ganz den Bärenjungen. Er nahm ihn mit einer Handvoll Korn aus dem Sack und schubs! in den Mund mit ihm. Der Bärenjüngling erschrak, er könnte ihn hinunterschlucken, begann im Mund des Mannes herumzuspringen und fand zu seinem Glück einen hohlen Zahn. Er zwängte sich in das Loch und verhielt sich mucksmäuschenstill.

Als der Säer abends nach Hause kam, rief er seine Schwiegertöchter: „Kinder, bringt mir einen Zahnstocher, irgendetwas drückt mich in meinem löchrigen Zahn." Die Schwiegertöchter brachten zwei große Bratspieße, und während er gähnte, stocherte die eine von links, die andere von rechts in seinem Zahn. Der Bärenjüngling sprang flink heraus.

Erst jetzt erinnerte sich der Säer wieder an ihn und sagte: „Junge, Junge, das war kein gutes Versteck! Um ein Haar hätte ich dich verschluckt!"

Nach dem Abendessen begannen sie zu plaudern. Der Bärenjüngling fragte den Hausherrn, wie er zu dem löchrigen Zahn gekommen sei, da doch alle anderen Zähne gesund und hart wie Nüsse wären.

Da erzählte der Säer:

„Wir gingen einmal zu zehnt mit dreißig Pferden nach Dubrovnik, um Salz zu holen. Unterwegs begegneten wir einer Schäferin und die fragte uns, wohin wir gehen. Wir sagten ihr: Nach Dubrovnik, um Salz zu holen!"

Und sie sagte: „Diesen weiten Weg könnt ihr euch ersparen. Ich habe hier in meinem Korb ein bißchen Salz, es ist der Rest des Salzes, welches ich für meine Schafe mitgebracht hatte. Ich glaube, es wird für alle genug sein."

Wir einigten uns über den Preis, sie nahm ihren Korb vom Arm, wir nahmen die Säcke von den Rücken der Pferde. Dann füllten wir mit einer Meßkanne das Salz in die Säcke und beluden damit alle dreißig Pferde, bezahlten und machten uns auf den Heimweg.

Es war Vorherbst und das Wetter noch ganz gut. Aber an dem Abend, als wir gerade auf der Tscheremna waren, verdüsterte sich der Himmel, es begann zu schneien und zu stürmen. Es fehlte nicht viel und der Schnee hätte uns mit unseren Pferden unter sich begraben. Und um dem Unglück die Krone aufzusetzen, wurde es stockfinster und wir irrten stundenlang umher, bis schließlich einer von uns eine Höhle entdeckte und rief: „Kommt hierher, Brüder, hier ist es trocken!"

Wir gingen auch einer nach dem anderen hinein. Auch unsere Pferde brachten wir dort unter, luden ihre schwere Last ab, machten Feuer und übernachteten gemütlich, ganz wie zu Hause.

Am nächsten Morgen fielen uns vor Staunen fast die Augen aus dem Kopf. Wir hatten uns nämlich alle in einem menschlichen Schädel verkrochen. Der Schädel lag in einem Weingarten, und während wir uns wunderten und die Säcke den Pferden aufluden, kam, wie der Teufel so spielt, der Wächter des Weingartens. Er hob den Schädel, in welchem wir hockten, auf, legte ihn in eine Schleuder und schleuderte ihn über die Weingärten, um die Stare zu verscheuchen. Als wir auf einem Berggipfel aufprallten, schlug ich mir ein Loch in den Zahn."

Und wer dies nicht glauben will, kann sich auf dem abgebrochenen Berggipfel selbst davon überzeugen!

TÖCHTERCHEN FROSCH

Es lebte einst ein Mann und eine Frau. Sie waren zusammen schon fast alt geworden und hatten noch immer keine Kinder. Sie sehnten sich sehr nach einem Kind, wenn es auch nur ein Fröschlein wäre. Und wirklich, nach einiger Zeit fühlte die Frau, daß sie ein Kind erwartet und brachte es nach neun Monaten zur Welt. Es war aber kein Kind, es war ein Fröschchen! Trotzden waren die beiden Leutchen überglücklich. Das Fröschchen verbrachte fast die ganze Zeit im Weingarten, nach Hause kam es nur selten. Der alte Mann bearbeitete den Weingarten und seine Frau brachte ihm täglich das Mittagessen.

Eines Tages begann sie jedoch zu klagen, daß sie das Essen nicht mehr bringen könne, weil sie die Beine nicht tragen wollten. Da kam das Töchterchen Frosch, das nun schon im vierzehnten Lebensjahr war, herein und sagte:

„Mutter, ich sehe, du bist schon alt, kannst nur schwer gehen und dem Vater das Mittagessen nicht mehr bringen, gib mir den Topf, ich trage ihn in den Weingarten!"

„Liebes Töchterchen Frosch, wie könntest du das Essen hinbringen, du kannst es ja nicht tragen! Du hast ja keine Hände, um den Topf zu halten!"

„Ich kann sehr viel tragen", sagte das Fröschchen, „stelle mir den Topf getrost auf den Rücken, binde ihn an meinen Füßen fest und fürchte dich nicht!"

„Nun, versuche, ob du es schaffst!"

Und die Mutter lud dem Fröschchen den Topf auf den Rücken, band ihn an seinen Beinen fest und schickte es in den Weingarten. Das Fröschchen schleppte und schleppte, als es jedoch zum Zaun des Weingartens kam, konnte es sich fast nicht mehr rühren, und schon gar nicht den Topf vom Rücken nehmen. Also rief es den Vater. Der Vater kam, band dem Töchterchen Frosch den Topf vom Rücken und ließ es sich schmecken. Das Fröschchen bat ihn, er solle es auf den Kirschbaum setzen. Er tat es und das Fröschchen begann zu singen. Der Gesang war weit und breit zu hören und klang so lieblich, als würden Feen singen.

In diesem Augenblick kam, auf seinem Heimweg von der Jagd, der Königssohn vorbei. Er blieb stehen und lauschte dem Gesang. Als der Gesang verstummte, ging er zum Greis und fragte ihn, wer hier so schön gesungen habe. Der Vater redete sich aus, er wisse es nicht, er habe niemand gesehen und nichts gehört, nur das Herumfliegen der Raben über seinem Kopf.

„Aber, Väterchen, sagt es mir, wer immer es sei, ist es ein Mann, wird er mein Freund, ist es ein Mädchen, wird es meine Braut!"

Der Vater schämte sich jedoch und hatte auch Angst, darum beteuerte er, er wisse es nicht. Der Königssohn ließ es sein und ging nach Hause.

Am nächsten Tag brachte das Fröschchen wieder das Mittagessen seinem Vater. Wieder setzte es der Vater auf den Kirschbaum und das Fröschchen sang, und wieder kam der Königssohn, um dem Gesang zu lauschen und herauszufinden, wer hier so lieblich singt. Das Fröschchen auf dem Kirschbaum sang, daß es im ganzen Tal widerhallte.

Als der Gesang verstummte, ging der Königssohn erneut zum Vater und wollte wissen, wer hier so wundervoll singe. Der redete sich aber wieder aus, er wisse es nicht.

„Und wer hat dir das Essen gebracht?" fragte der Königssohn.

„Ich bin nach Hause gegangen", erklärte der Vater, „wurde aber sehr müde und konnte zu Hause nichts essen, also habe ich mein Mittagessen selbst hergebracht."

„Dieser Gesang greift mir ans Herz. Väterchen, Ihr wißt bestimmt, wer da singt. Verratet es mir! Ist es ein Mann, wird er mein Freund, ist es ein Mädchen, wird es meine Frau!"

Jetzt sagte der Greis:

„Ich würde es Euch ja sagen, aber ich schäme mich und habe Angst!"

„Habt keine Angst, verratet mir nur den Sänger, wer immer es sei!"

Der Greis verriet ihm nun, daß seine Tochter, ein Fröschchen, so schön singe.

„Sagt ihr, sie soll herunterkommen."

Das Fröschchen kletterte vom Baum und sang ihm noch einmal vor. Dem Königssohn hüpfte das Herz vor Freude und er sagte:

„Werde meine Frau! Morgen früh müssen die Bräute meiner zwei Brüder auf dem Königshof erscheinen und jede wird dem König eine Rose bringen. Jener Mann, dessen Braut die schönere Rose bringen wird, soll das Königreich bekommen. Gehe hin als meine Frau und bringe dem König irgendeine Rose!“

Das Fröschchen antwortete:

„Ich werde kommen, wie du es verlangst, aber schicke mir einen weißen Hahn. Auf dem werde ich dann kommen.“

Der Prinz ging nach Hause und schickte ihr einen weißen Hahn. Das Fröschen ging zur Sonne und erbat sich von ihr ein Sonnenkleid.

Als der Morgen graute, nahm das Fröschchen sein Sonnenkleid, setzte sich auf den Rücken des Hahns und flog zum Königshof. Am Stadttor wollten es die Wachen nicht einlassen, als es aber sagte, daß es sich beim jüngsten Königssohn beschweren werde, ließen sie es sofort in die Stadt ein. Schon nach einigen Schritten verwandelte sich der weiße Hahn in eine Fee und das Fröschchen in das schönste Mädchen der Welt. Es zog sich das Sonnenkleid an, anstatt einer Rose trug es eine reife Weizenähre, und so ging es in den Königspalast.

Der König ging zuerst zur Braut des ältesten Sohnes und fragte sie, was für eine Rose sie gebracht habe. Sie zeigte ihm ein Heidenröslein. Er ging zur Frau des mittleren Sohnes und fragte sie, was sie für eine Rose für ihn habe. Sie zeigte ihm eine Nelke. Schließlich wandte er sich der jüngsten Braut zu, bemerkte in ihren Händen die Weizenähre und sagte:

„Du hast uns die nützlichste und schönste Rose gebracht. Man sieht, daß du weißt, daß man ohne Weizen nicht leben kann, und das beweist, daß du arbeitsam bist. Was nützen uns die anderen Rosen mit ihrem Stolz? Heirate meinen jüngsten Sohn, ihm soll mein Königreich gehören!“

DAS SCHRUMPFMÄNNCHEN

Es war einmal ein König, der hatte drei Söhne. Als die Söhne das heiratsfähige Alter erreicht hatten, suchte der König zuerst eine Braut für den ältesten. Er nahm eine Münze, warf sie in die Luft und holte aus dem Haus, auf welches sie fiel, die Braut für seinen Sohn. Die Münze fiel auf den Palast eines Königs, also holte er sich die Tochter des Königs als Braut für seinen ältesten Sohn.

Als er den mittleren Sohn verheiraten wollte, warf er wieder eine Münze in die Luft, und diese Münze fiel auf das Haus eines Wesirs. Die Brautwerber gingen zum Wesir und brachten seine Tochter als Braut für den mittleren Königssohn heim.

Nun war der jüngste Sohn an der Reihe. Der König warf wieder eine Münze in die Luft, aber die Münze fiel in den See. Der König befahl seinen Dienern, die Münze aus dem See zu fischen und zurückzubringen. Er warf dann die Münze zum zweiten Mal in die Luft, und sie fiel wieder in den See. Auch beim dritten Mal fiel sie auf dieselbe Stelle. Da sagte der König:

„Umsonst, daraus wird nichts, gehen wir hin, und was wir an dieser Stelle finden, das bringen wir her!"

So machten sie es auch. Als sie zum See kamen, kroch ein riesiges Froschweibchen ans Ufer und hüpfte fort. Nach einer Weile kam sie mit ihrer Tochter, einem Fröschchen, zurück, reichte es den Brautwerbern, und denen blieb nichts anderes übrig, als es anzunehmen und nach Hause zu tragen.

Die Zeit verging und die älteren Brüder begannen zu murren:

„Vater, warum sollen wir mit so einem Frosch unter einem Dach leben? Er kommt uns unheimlich vor. Trenne uns von unserem jüngsten Bruder, soll er doch mit seinem Frosch leben, so gut er kann, wir sagen uns von ihm los!"

So geschah es auch. Man trennte die Brüder, gab dem jüngsten eine armselige Hütte und ein kleines Feld zum Bebauen. Hier lebte von nun an der jüngste Sohn mit seinem Frosch. Ein Frosch ist ein Frosch, morgens hockte er sich ans Feuer hinter dem eisernen Gestell für Holzspäne und rührte sich nicht vom Fleck. Wenn aber der Mann, abgeplagt von der mühevollen Arbeit auf dem Feld, abends nach Hause kam, war das Häuschen blitzblank aufgeräumt und auf dem Tisch stand das Abendessen. So vergingen einige Tage. Da beschloß der Königssohn, sich zu verstecken und herauszufinden, wer im Hause sauber macht und das Essen zubereitet.

Am nächsten Morgen täuschte er vor, in den Wald um Holz zu gehen, versteckte sich jedoch auf dem Dachboden. Nach einer Weile sah er, daß der Frosch seine Haut abwarf und zwei allerliebste Kinder zur Welt brachte. Seitdem zerbrach sich der Prinz den Kopf, wie er dem Frosch die Haut stehlen könnte. Einmal nutzte er den richtigen Augenblick, sprang hinzu und warf die Haut ins Feuer. Die junge Frau rief:

„Mein Mann, was hast du da getan? Es wäre besser gewesen, wenn du es nicht getan hättest!"

Seit diesem Tag gelang ihm alles, er wurde reich, hatte alles in Hülle und Fülle und seine junge Frau war schöner als alle Mädchen am Königshof.

Die Brüder begannen ihn zu beneiden, fürchteten sich, er könnte ihnen den Rang ablaufen, und begannen ihn beim König anzuschwärzen:

„Vater, bei unserem Bruder geht es nicht mit rechten Dingen zu. Befehle unserem Bruder das „Töpfchen koch!", welches unser ganzes Heer sättigen und dennoch voll bleiben würde, zu holen. Wenn er es nicht bringt, laß ihn hinrichten!"

Der König machte, was sie von ihm verlangten. Er ließ seinen Jüngsten kommen und befahl ihm, das „Töpfchen koch!" zu bringen. Der Prinz grämte sich, war verzweifelt und vertraute sich schließlich seiner Frau an. Sie sagte tröstend:

„Mach dir keine Sorgen! Geh zum See und rufe dreimal nach meiner Mutter. Sie wird kommen und dich fragen, was du willst. Verlange von ihr das „Töpfchen koch!“, sie wird es dir geben.“

Der Prinz ging zum See und rief dreimal:

Hallo, Frosch! Hallo, Frosch! Hallo, Frosch!“

Die Froschmutter kam und fragte:

„Was wünscht du, mein Schwiegersohn?“

Der Prinz erzählte ihr, warum er gekommen war, und sie gab ihm den Topf, aber befahl ihm, ihn zurückzubringen.

Der Prinz trug das „Töpfchen koch!“ zum König, füllte es mit Fleisch, und als es gar war, teilte er es unter den Soldaten des Heeres aus. Alle wurden satt und das Töpfchen blieb voll. Er trug es wieder zurück zur Froschmutter und ging heim.

Die Brüder wurden noch neidischer und begannen wieder den Vater zu hetzen:

„Vater, hier ist der Teufel im Spiel! Erlaube uns, die beiden zu vernichten. Verlange von ihm eine Elle Tuch, auf dem er alle Soldaten unseres Heeres betten und damit auch zudecken müsse.“

Der König rief seinen jüngsten Sohn zu sich und befahl ihm, eine Elle Tuch zu bringen und darauf alle Soldaten des Heeres zu betten und damit auch zuzudecken.

Wieder kam er zerknirscht zu seiner Frau und klagte ihr sein Leid. Sie tröstete ihn aber:

„Das ist leicht! Geh zu meiner Mutter, sie hat so ein Tuch und wird es dir geben.“

Der Prinz ging also wieder zum See und rief:

„Hallo, Frosch! Hallo, Frosch! Hallo, Frosch!“

Die Froschmutter tauchte auf und fragte:

„Was wünschst du, mein Schwiegersohn?“

„Mein Vater verlangt von mir eine Elle Tuch, auf dem ich alle Soldaten des Heeres betten und damit auch zudecken kann!“

Die Froschmutter sprang ins Wasser, tauchte im Handumdrehen wieder auf und gab ihm eine Elle Tuch mit den Worten:

„Hier hast du das Tuch, trage es aufs Feld und laß das eine Ende auf die Erde fallen, dann blase hinein und das Tuch wird sich über das ganze Feld ausbreiten. Wenn sich die Soldaten draufgelegt haben werden, blase auf die andere Seite, das Tuch wird sich dehnen, und du wirst damit das ganze Heer zudecken können."

Der Königssohn nahm das Tuch, ging damit aufs Feld, ließ das eine Ende auf die Erde fallen und blies hinein. Das Tuch dehnte sich, breitete sich aus, so daß alle Soldaten darauf Platz fanden. Der Prinz blies nun auf das andere Ende und das Tuch wuchs und wuchs, bis es alle Soldaten zudeckte.

Da sagten die Brüder zum Vater:

„Vater, so kann das nicht weitergehen! Das grenzt an ein Wunder. Befehle deinem Jüngsten, ein Männchen herbeizuschaffen, das von der Zehe bis zum ausgestreckten Zeigefinger nicht größer als eine Spanne ist. Wenn er es nicht bringt, laß ihn hinrichten!"

Der König befahl auch dies seinem Sohn. Der Prinz ging zu seiner Frau und klagte ihr, was für ein Männchen seine bösen Brüder von ihm verlangten. „Wenn ich es nicht herbeischaffe, wollen sie mich töten. Aber wo in aller Welt finde ich solch ein winziges Männchen?"

„Wenn es nur das ist!" sagte die Frau, „mein Vater ist genau eine Spanne groß. Geh zu meiner Mutter, bitte sie, vielleicht gibt sie ihn dir."

Er ging wieder zum See und rief:

„Hallo, Frosch! Hallo, Frosch! Hallo, Frosch!"

Die Froschmutter erschien und fragte:

„Was wünschst du, mein Schwiegersohn?"

„Die Brüder verlangen diesmal von mir ein winziges Männchen, deshalb bin ich gekommen, dich um deinen Mann zu bitten."

Die Froschmutter sprang ins Wasser und kam nach einer Weile mit einem Schächtelchen zurück. Sie reichte es ihm mit den Worten:

„Hier, nimm es dir! Wenn du es aushältst, das Schächtelchen erst vor dem König zu öffnen, dann ist es gut. Solltest du es aber vorher öffnen und hineinschauen, rufe sofort: „Halt, Alter!“ und klappe schnell den Deckel zu. Merke dir das gut, sonst würde es dir schlimm ergehen!“

Der Prinz nahm das Schächtelchen und machte sich auf den Weg. In der Nähe des Königspalastes konnte er es vor Neugierde nicht mehr aushalten. Er öffnete das Schächtelchen und schaute hinein. Das Männchen in der Schachtel begann zu wachsen, aber der Prinz rief schnell: „Halt, Alter!“ Da schrumpfte es zusammen und legte sich nieder. Der Prinz klappte schnell den Deckel zu und brachte das Schächtelchen zum Vater.

Der Vater tat ihm jedoch leid, darum überreichte er es ihm mit den Worten:

„Vater, hier hast du ein Schächtelchen, darinnen ist der von euch

geforderte winzige Mann. Aber gib acht, wenn du es öffnest, rufe schnell: Halt, Alter! denn es beginnt sofort zu wachsen und du wärst verloren. Danach gib mir das Schächtelchen zurück!“

Nachdem er seinen Vater so gewarnt hatte, ging er fort.

Der König ließ seine Söhne und alle Würdenträger kommen, öffnete das Schächtelchen und das Männchen begann zu wachsen. Der König und die Anwesenden riefen anstelle „Halt, Alter!“ „Wart, Alter!“ und das Männchen wuchs und wuchs und zertrümmerte alles auf dem Königshof.

Da kam der Prinz zurück und rief:

„Halt, Alter!“ und das Männchen schrumpfte zusammen und legte sich ins Schächtelchen. Der Prinz brachte es seiner Schwiegermutter zurück und kehrte heim.

Man rief ihn zum König aus und er regierte mit seiner Frau so lange sie lebten.

DER TURM ZWISCHEN HIMMEL UND ERDE

Es lebte einst ein König, der hatte drei Söhne und eine Tochter. Diese Tochter behütete er im Palast wie seinen Augapfel. Das Mädchen wurde erwachsen und es bat eines Abends den Vater um die Erlaubnis, mit den Brüdern einen Spaziergang machen zu dürfen. Und der Vater erlaubte es.

Sie traten jedoch kaum aus dem Palast, da flog ein Drache herbei, riß das Mädchen aus der Mitte seiner Brüder und entführte es. Die Brüder eilten zum Vater, erzählten ihm, was vorgefallen war und beschlossen, die Schwester suchen zu gehen. Der Vater willigte ein, gab jedem ein Pferd und rüstete sie mit allem Notwendigen aus. Die Brüder machten sich sofort auf den Weg.

Nach langem Wandern kamen sie zu einem Turm, der weder auf der Erde noch am Himmel stand. Nachdenklich betrachteten sie den Turm und überlegten, ob nicht gerade in ihm ihre Schwester gefangen sei. Sie begannen sich zu beraten, wie sie wohl in den Turm gelangen könnten. Lange, sehr lange dachten sie nach, bis sie schließlich übereinkamen, daß einer von ihnen sein Pferd töten und aus der in Striemen geschnittenen Pferdehaut ein langes Seil zusammenknüpfen solle. An ein Ende des Seiles würden sie dann ein Geschoß binden, mit der Armbrust das am Geschoß befestigte Seil in die Höhe schießen, und dann auf dem Seil in den Turm klettern.

Die jüngeren Brüder forderten den ältesten auf, sein Pferd zu töten. Der sagte aber nein! Dasselbe sagte auch der mittlere. Schließlich tötete der jüngste sein Pferd, knüpfte aus der Pferdehaut ein langes Seil, befestigte ein Geschoß an dem Seil und schoß es ab. Hinaufklettern wollte jedoch weder der älteste noch der mittlere, also kletterte der jüngste hinauf in den Turm.

Er ging von Zimmer zu Zimmer, bis er in einem seine Schwester, die gerade dem Drachen den Kopf kraulte, entdeckte. Als sie ihren Bruder sah, erschrak sie und flehte ihn an, zu fliehen, bevor der Drache aufwacht. Doch der Bruder weigerte sich. Er holte mit der Keule aus und versetzte dem Drachen einen Schlag auf den Kopf. Der Drache rieb sich die Stelle mit dem Zeigefinger und sagte verschlafen: „Hier beißt mich etwas!“ Und als ihm der Jüngling einen zweiten Schlag versetzte, sagte der Drache wieder schlaftrunken: „Es beißt mich schon wieder etwas!“ Als der Bruder zum dritten Mal ausholte, deutete ihm die Schwester an, den Drachen auf den Bauch zu schlagen. Der Jüngling macht es und der Drache war auf der Stelle tot.

Die Königstochter warf den Kopf des Drachens vom Schoß, lief zu ihrem Bruder, umarmte und küßte ihn, dann nahm sie ihn bei der Hand und führte ihn durch alle Zimmer. Im ersten Zimmer stand ein Rappe, dessen Geschirr aus reinstem Silber war. Sie führte ihn ins nächste Zimmer, und da stand ein Schimmel mit einem Geschirr aus reinstem Gold. Im dritten Zimmer stand ein Grauschimmel, und das Geschirr dieses Pferdes war übersät mit Edelsteinen.

Nun führte ihn die Schwester in ein Zimmer, wo ein Mädchen an einem goldenen Rahmen saß und mit goldenen Fäden stickte. Im nächsten saß ein zweites Mädchen und spulte goldenes Garn auf. Schließlich gingen sie ins letzte Zimmer, wo ein Mädchen goldene Perlen auffädelte und eine goldene Henne mit ihren Kücken Perlen aus einer goldenen Pfanne herauspickte.

Als sie alle Zimmer besichtigt hatten, kehrten sie zum toten Drachen zurück. Sie zogen ihn ans Fenster und warfen ihn hinaus. Als die älteren Brüder den Drachen sahen, bekamen sie vor Angst eine Gänsehaut. Der jüngste ließ seine Schwester am Seil hinuntergleiten und danach der Reihe nach die anderen drei Mädchen. Jedes der Mädchen nahm seine Arbeit mit, und bei jedem Mädchen, das er hinabgleiten ließ, rief der Prinz seinen Brüdern zu, wem es gehören solle. Als er das Mädchen mit der goldenen Henne und den Kücken hinabgleiten ließ, bestimmte er es für sich selbst.

Die Brüder erblaßten vor Neid, als sie sahen, wie mutig und geschickt der jüngste ihre Schwester befreit hatte. Vor lauter Eifersucht schnitten sie das Seil durch und gingen fort. Unterwegs trafen sie einen Schäfer und nahmen ihn anstelle des Bruders in den Königspalast. Der Schwester und den Mädchen verboten sie strengstens, auch nur ein Sterbenswort von allem, was sich zugetragen hatte, zu verraten.

Nach einiger Zeit erfuhr der Prinz im Turm zwischen Himmel und Erde, daß seine zwei Brüder und der Schäfer vorhatten, die drei Mädchen zu heiraten. Am Hochzeitstag des ältesten setzte er sich auf den Rappen, und als der Hochzeitszug aus der Kirche kam, flog er zwischen die Hochzeitsgäste, versetzte dem Bräutigam einen leichten Schlag mit der Keule, und der fiel kopfüber auf die Erde. Dann flog er wieder zurück in den Turm zwischen Himmel und Erde.

Als er erfuhr, daß der mittlere Bruder Hochzeit halten wolle, setzte er sich auf den Schimmel, und als der Hochzeitszug aus der Kirche kam, versetzte er auch diesem Bräutigam einen Schlag, und auch der fiel wie ein Stein vom Pferd. Dann flog er wieder in seinen Turm zurück.

Schließlich erfuhr er, daß der Schäfer das Mädchen mit der goldenen Henne heiraten wolle. Er setzte sich auf den Grauschimmel, und als sie aus der Kirche kamen, schlug er dem Bräutigam den Kopf entzwei. Die Hochzeitsgäste sprangen hinzu und wollten ihn fassen. Und diesmal floh der Prinz nicht. Nun stellte es sich heraus, daß nicht der Schäfer, sondern er des Königs jüngster Sohn war, daß ihn die Brüder aus Neid im Turm zwischen Himmel und Erde zurückgelassen hatten, in jenem Turm, wo er seine Schwester gefunden und den Drachen erschlagen hatte. Das alles bezeugten seine Schwester und auch die drei Mädchen.

Als dies der König erfuhr, wurde er auf seine zwei älteren Söhne sehr böse. Er jagte sie aus dem Palast, verheiratete seinen jüngsten und liebsten Sohn mit dem dritten Mädchen und überließ ihm nach seinem Tode das Königreich.

DAS ZAUBERMESSER

Ein Jüngling setzte sich einst in den Kopf, einzig und allein die Königstochter zu heiraten. Eines Tages ging er denn auch zum König und bewarb sich um die Hand seiner Tochter. Der König konnte ihn nicht abweisen, sagte aber, um ihn zu entmutigen: „Gut, mein Sohn, ich gebe sie dir, du mußt mir aber binnen acht Tagen drei Pferde bringen: ein schneeweißes ohne ein einziges Fleckchen und welches noch nie gezäumt wurde, einen Rappen mit einem weißen Kopf und weißen Beinen, der bisher noch nie beschlagen wurde, und ein rotes mit einem schwarzen Kopf, das bisher noch nie gesattelt wurde. Und meiner Frau mußt du so viele Juwelen und Edelsteine bringen, wieviel diese drei Pferde tragen können. Wenn du dies nicht schaffst, gebe ich dir meine Tochter nicht."

Als dies der Jüngling hörte, dachte er sich das Seine, aber schließlich bedankte er sich höflich beim König, und wie er gekommen war, so ging er auch wieder.

Die Königstochter hatte sich alles mitangehört. Sie hatte den Jüngling genau beobachtet und gefunden, daß er der schönste Mann der Welt sei. Sie schrieb sofort einen Brief und schickte ihre treuste Dienerin mit dem Schreiben zum Jüngling. In dem Brief stand, der Jüngling solle am nächsten Morgen heimlich zu ihr kommen, bis dahin jedoch nichts unternehmen, wenn er sie zur Frau haben wolle.

Noch in derselben Nacht nahm sie aus einem geheimen Versteck das Zaubermesser ihres Vaters. Am nächsten Morgen ging sie mit diesem Messer dem Jüngling entgegen. Schon nach dem ersten Blick faßten sie sich bei den Händen, versprachen sich Treue und schworen, daß sie von nun an nur mehr die schwarze Erde trennen könne.

Dann sagte ihm die Königstochter: „Nimm hier mein Pferd und reite schnell nach Osten in den Feenwald. Sobald du auf einem Berg mit drei Gipfeln ankommst, wende dich von rechts nach links, bis du eine Perlenwiese wahrnimmst. Auf ihr werden Pferde aller denkbaren Arten weiden. Suche dir unter ihnen die drei, welche mein Vater verlangt, aus. Sollten sie scheu werden, halte dieses Messer gegen die Sonne, damit die Wiese erglänzt. Das wird die Pferde zahm wie Lämmer machen, du kannst sie dann leicht einfangen und wegführen. Wenn du diese drei Pferde eingefangen hast, schau dich um, du wirst in der Mitte der Wiese eine Zypresse sehen. Ihre Wurzeln sind aus Kupfer, ihre Äste aus Silber und ihre Blätter aus Gold. Gehe hin, schlage mit dem Messer gegen die Wurzel des Baumes, im nächsten Augenblick wird ein wunderbarer Schatz vor dir liegen: ganze Haufen verschiedener Münzen. Nimm sie, lade sie den gefangenen Pferden auf und eile mit ihnen nach Hause. So wirst du die Gunst meines königlichen Vaters gewinnen und er wird dir mich zur Frau geben."

Überglücklich schwang sich der Jüngling auf das Pferd des Mädchens, steckte sich das Zaubermesser hinter den Gürtel und ritt fort. Als er auf dem dreigipfeligen Berg ankam, entdeckte er wirklich die Perlenwiese und eine Herde weidender Pferde. Er wollte sich an sie heranschleichen, aber die Pferde begannen sofort zu scheuen. Er zog schnell sein Zaubermesser aus dem Gürtel, hielt es gegen die Sonne, und die ganze Wiese erglänzte, wie ein von der Sonne bestrahlter Berggipfel. Da liefen die Pferde von allen Seiten herbei und fielen vor ihm auf die Knie. Er suchte sich die vom König verlangten drei Pferde aus, dann schaute er sich um und entdeckte die Zypresse. Er ging zum Baum, schlug mit dem Messer gegen seine Wurzel, und siehe da, die Zypresse schüttete Geld und Schätze aus der Wurzel, wie aus einem Sack. Er füllte die Schätze in Säcke, lud sie den Pferden auf und eilte zum König.

Als der König die Pferde und den Berg von Schätzen sah, wunderte er sich sehr und versprach dem Jüngling die Hand seiner Tochter. Dann fragte er ihn, was er sich als Hochzeitsgeschenk wünsche und der Jüngling antwortete:

„Erhabener Herr, verehrter König, ich will vor allem deine Tochter, außerdem nur dieses Zaubermesser."

Der König gab ihm beides, und der Jüngling kehrte mit seiner Frau vergnügt nach Hause zurück.

DER DRACHE UND DER KÖNIGSSOHN

Es lebte einst ein König, der hatte drei Söhne. Eines Tages ging der älteste Sohn in den Wald jagen. Einige Schritte hinter der Stadt sprang ein Hase aus dem Gestrüpp, rannte hin und her, der Königssohn verfolgte ihn, bis der Hase in einer Mühle verschwand. Der Königssohn lief in die Mühle und sah zu seinem Entsetzen, daß der liebe Hase in Wirklichkeit ein Drache war. Der packte den Jüngling und verschlang ihn. Als mehrere Tage vergingen und der Königssohn nicht zurückkehrte, begann man sich im Königspalast zu sorgen, was ihm zugestoßen sein könnte, daß er so spurlos verschwunden war.

Da machte sich auch der mittlere Königssohn auf, um im Wald zu jagen.

Und wieder: einige Schritte hinter der Stadt sprang ein Hase aus dem Gestrüpp, hetzte hin und her und der Königssohn ließ sich von ihm in die Mühle locken. Und auch ihn erwartete anstelle des Hasen ein Drache, der ihn im Handumdrehen verschlang.

Die Tage vergingen, der Königssohn kehrte nicht in den Palast zurück, und nun begann man sich ernsthaft zu ängstigen, daß den beiden ein Unglück zugestoßen sein könnte. Also rüstete sich auch der jüngste Königssohn auf die Jagd in den Wald, aber hauptsächlich um seine verschollenen Brüder zu suchen. Kaum war er aus der Stadt, sprang wieder der Hase aus dem Gestrüpp, hetzte den Jüngling bald hierher, bald dorthin und rannte schließlich in die Mühle. Der Königssohn hatte jedoch keine Lust, dem Hasen in die Mühle zu folgen. Er beschloß, eine andere Beute zu suchen und sagte sich: ‚Wenn ich zurückkomme, kriege ich dich!‘

Dann pirschte er lange durch den Wald, erlegte jedoch nichts. Er kehrte zur Mühle zurück und traf dort eine alte Frau. Der Königssohn grüßte sie höflich: „Guten Tag, Mütterchen!" und die Frau antwortete: „Guten Tag, mein Sohn!"

Der Königssohn fragte sie: „Mütterchen, wohin hat sich mein Hase verkrochen?" Da sagte sie ihm: „Mein Sohn, das ist kein Hase, sondern ein schrecklicher Drache. Unzählige Menschen hat der schon auf dem Gewissen!" Als dies der Königssohn hörte, wurde er traurig und sagte: „Was soll ich nur machen? Wahrscheinlich sind auch meine zwei älteren Brüder hier umgekommen!" „Ja", sagte die Greisin, „du hast recht, umgekommen sind sie, tot, aber du kannst nichts machen, kehre schnell nach Hause zurück, Söhnchen, sonst bringt er auch dich noch um!" Aber der Jüngling sagte: „Mütterchen, ich weiß genau, auch du würdest gern von diesem Ungeheuer befreit werden!"

Die Greisin nickte betrübt: „Ach, Söhnchen, wie recht du hast! Auch mich hat der Drache entführt und es gibt kein Zurück für mich!" Der Jüngling schlug ihr vor: „Höre mir gut zu, Mütterchen! Wenn der Drache heimkommt, frage ihn, wo er sich die ganze Zeit herumtreibt und wo sich seine Kraft verbirgt. Küsse dann diese Stelle so, als würdest du es aus Liebe tun, und zwar so lange, bis du dich überzeugt hast, daß er die Wahrheit gesagt hat. Wenn ich wiederkomme, wirst du es mir verraten."

Der Königssohn kehrte in den Palast zurück und die Greisin blieb in der Mühle. Als der Drache nach Hause kam, begann sie ihn auszufragen:

„Wo warst du so lange? Wo treibst du dich die ganze Zeit herum? Du willst mir nie sagen, wohin du gehst!"

Der Drache antwortete: „Ei, Alte, meine Wege führen mich weit fort von hier!"

Da sagte die Frau schmeichlerisch: „Und warum gehst du denn diese weiten Wege? Sag mir, sag mir doch, wo verbirgst du deine Kraft? Wenn ich wüßte, wo du deine Kraft verborgen hast, ich würde diese Stelle immer streicheln und küssen!"

Der Drache antwortete lachend: „Meine Kraft ist dort, in dieser

Feuerstelle!" Die Greisin begann nun die Feuerstelle zu umarmen und zu küssen. Als dies der Drache sah, lachte er wiehernd und sagte: „Dummes Weib, meine Kraft ist nicht dort, meine Kraft ist in dem Baum vor dem Haus!" Da umarmte und küßte die Frau den Baum. Der Drache lachte wieder dröhnend und rief: „Laß das, dummes Weib, dort ist meine Kraft nicht!"

„Also wo, wo ist sie denn?" rief die Greisin. Da erzählte ihr der Drache: „Meine Kraft verbirgt sich weit weg von hier, da würdest du nicht hinkommen! In einem weitentfernten Königreich breitet sich neben der Hauptstadt ein großer See aus. In diesem See wohnt ein Drache, in dem Drachen befindet sich ein Eber, im Eber ein Hase und in dem Hasen eine Taube. Und in dieser Taube verbirgt sich meine Kraft."

Als dies die Greisin hörte, sagte sie: „Meiner Treu, deine Kraft ist viel zu weit entfernt von hier, die kann ich nicht umarmen oder küssen!"

Am nächsten Morgen, als der Drache die Mühle verlassen hatte, kam der Königssohn, und das Mütterchen erzählte ihm, was es vom Drachen erfahren hatte. Der Königssohn ging nach Hause, zog sich ein Schäferhemd an, nahm sich einen Schäferstab und ging in die Welt. Er wanderte von Dorf zu Dorf, von Stadt zu Stadt, bis er schließlich im fremden Königreich, am See, in welchem der Drache wohnte, ankam. Er ging in die Stadt, in der der König wohnte, und begann herumzufragen, wer einen Schäfer in seine Dienste nehmen würde.

Als man dies dem König mitteilte, ließ er den Jüngling holen und fragte ihn: „Du willst Schafe weiden?" Und der Königssohn antwortete: „Ja, erhabener König!" Der König nahm ihn in seine Dienste, sagte aber warnend: „Höre, Schäfer, wir haben hier einen See, an dessen Ufer ein vortrefflicher Weideplatz für Schafe ist. Sobald du die Schafe hinaustreibst, laufen sofort alle zum See, aber kein einziger Schäfer, der dort die Schafe weidete, ist je wiedergekommen. Darum rate ich dir, Söhnchen, laß den Schafen nicht ihren Willen, sondern treibe sie dorthin, wohin du es willst!"

Der Königssohn bedankte sich höflich für den guten Rat, ging zu den Schafen und trieb sie auf die Weide. Er nahm zwei Jagdhunde mit, die so flink waren, daß ihnen kein Hase auf dem Feld entkommen könnte, einen wilden Falken, der jeden Vogel fassen würde, und seinen Dudelsack nahm er auch mit. Er trieb die Schafe hinaus und ließ sie sofort zum See laufen. Die Schafe verstreuten sich im Nu rund um den See. Er setzte den Falken auf einen Balken, die Hunde und den Dudelsack versteckte er unter dem Balken. Dann krempelte er sich die Ärmel und die Hose hoch, ging in den See und rief: „Du, Drache, hallo, Drache, komm, laß uns kämpfen!"

Und der Drache antwortete: „Sofort, Königssohn, sofort!"

Es dauerte nicht lange und der Drache erschien: riesengroß, schrecklich und häßlich. Er stürzte sich sofort auf den Jüngling und sie begannen zu kämpfen. Sie schlugen sich bis zum heißen Mittag. Als die Mittagssonne zu brennen begann, sagte der Drache: „Königssohn, laß mich zurück in den See, ich muß meinen leeren Kopf erfrischen, danach schleudere ich dich bis in den Himmel hinauf!"

Aber der Jüngling antwortete: „Halt den Mund, Drache, rede kein dummes Zeug! Wenn mich die Königstochter auf die Stirn küssen würde, würde ich dich noch höher hinaufschmettern!"

Der Drache ließ den Königssohn sofort los und verschwand im See.

Als der Abend kam, wusch sich der Jüngling im See und zog sich sorgfältig an. Er setzte sich den Falken auf die Schulter, nahm die Hunde an die Leine, den Dudelsack unter den Arm, und lustig spielend trieb er die Schafe heimwärts. Als er so mit der Herde durch die Stadt zog, liefen alle Einwohner neugierig herbei. Sie bestaunten ihn wie ein Wunder, denn bislang war noch kein einziger Schäfer vom See zurückgekehrt.

Am nächsten Tag trieb der Königssohn die Schafe wieder geradewegs zum See. Der neugierige König schickte ihm zwei Reiter nach, die sollten herausfinden, was der Schäfer macht. Sie ritten auf einen hohen Berg, von wo sie eine gute Aussicht auf den See hatten.

Als der Schäfer zum See kam, versteckte er die Hunde und den Dudelsack unter dem Balken, setzte den Falken auf den Balken, krempelte sich die Ärmel und die Hose hoch, ging ins Wasser und rief: „Du, Drache, hallo, Drache, hörst du mich? Komm und kämpfe mit mir, wenn du kein Feigling bist!" Der Drache antwortete: „Sofort, Königssohn, sofort!"

Es dauerte nicht lange und der Drache erschien: riesengroß, schrecklich, häßlich. Sie begannen zu kämpfen und kämpften bis zum heißen Mittag. Und als die Mittagssonne wieder zu brennen begann, sagte der Drache: „Königssohn, laß mich in den See, ich muß meinen leeren Kopf erfrischen, danach schleudere ich dich bis in den Himmel hinauf!"

Aber der Königssohn antwortete: „Halt den Mund, Drache, rede kein dummes Zeug! Wenn mich die Königstochter auf die Stirn küssen würde, würde ich dich noch höher hinaufschmettern!"

Sofort ließ der Drache den Königssohn los und verschwand im See.

Und als die Nacht nahte, trieb der Jüngling die Schafe zusammen und führte sie, lustig auf seinem Dudelsack spielend, nach Hause. Als er durch die Stadt zog, waren alle Einwohner auf den Beinen und staunten, daß der Schäfer nun schon den zweiten Abend gesund und lebendig vom See heimkehrte, während es bislang noch kein einziger geschafft hatte. Die zwei Reiter, die Späher, kamen vor dem Schäfer im Palast an und erzählten dem König, was sie gesehen und gehört hatten.

Als der König sah, daß der Jüngling auch diesmal mit allen Schafen zurückgekehrt war, ließ er seine Tochter kommen, erzählte ihr alles und sagte: „Morgen gehst du mit dem Schäfer zum See und wirst ihn auf die Stirn küssen!" Aber das Mädchen brach in Tränen aus und jammerte: „Auf der ganzen Welt hast du nur mich, deine einzige Tochter, und dennoch bedeutet es dir nichts, wenn ich umkomme!"

Der Vater sprach ihr Mut zu und sagte tröstend: „Fürchte dich nicht, Töchterchen, du siehst doch, wie viele Schäfer ich schon hatte und keiner ist je vom See zurückgekommen, bedenke, dieser schlägt sich nun schon zwei Tage mit dem schrecklichen Drachen herum und es ist ihm nichts geschehen. Ich bin überzeugt, daß er dieses Ungeheuer überwältigen wird. Geh morgen getrost mit ihm, Gott gebe, daß er uns von diesem Drachen befreit, er hat schon viel zu viele Menschen umgebracht!"

Als der Morgen graute, standen der Schäfer und die Prinzessin auf und beide rüsteten sich auf den Weg zum See. Der Schäfer war fröhlicher denn je, aber die Königstochter war traurig und Tränen rannen ihr über die Wangen.

Der Schäfer tröstete sie: „Weine nicht, meine Herrin, jammere nicht, ich bitte dich nur um eines: mache alles, was ich dir sage. Beobachte uns gut und wenn du bemerkst, daß unsere Kräfte erlahmen, spring zu mir und küß mich auf die Stirn. Du hast dann nichts mehr zu befürchten."

Und so gingen sie langsam weiter, trieben ihre Schäfchen vor sich her. Der Schäfer sang und spielte auf dem Dudelsack, während das Mädchen bittere Tränen weinte. Dann und wann ließ der Jüngling den Dudelsack sinken und sagte ermunternd: „Weine nicht, mein Schatz, hör auf zu jammern, du brauchst keine Angst zu haben!"

Als sie zum See kamen, verstreuten sich die Schafe sofort rings um das Ufer, der Königssohn setzte den Falken auf einen Balken, versteckte die Hunde und den Dudelsack, krempelte sich die Ärmel und die Hose hoch, stieg ins Wasser und rief: „Du, Drache, hallo, Drache, komm mit mir kämpfen, laß uns unsere Kräfte messen, wenn du kein Feigling bist!"

Der Drache meldete sich: „Sofort, Königssohn, sofort!"

Es dauerte nicht lange und der Drache erschien: riesengroß, schrecklich, häßlich. Sie begannen sofort zu ringen und kämpften bis zum heißen Mittag. Als die Mittagssonne zu brennen begann, sagte der Drache: „Königssohn, laß mich in den See, ich muß meinen leeren Kopf erfrischen, nachher schleudere ich dich hinauf bis in den Himmel!"

Aber der Königssohn antwortete: „Halt den Mund, Drache, rede kein dummes Zeug! Wenn mich die Königstochter auf die Stirn küssen wird, schmettere ich dich noch höher hinauf!"

Und die Königstochter lief zu ihm, küßte ihn auf die Stirn, auf die Wangen und auf die Augen. Da packte der Königssohn den Drachen, wirbelte ihn über seinem Kopf durch die Luft und schleuderte ihn hinauf zum Himmel. Als der Drache wieder auf die Erde aufprallte, zerplatzte er, ein Eber sprang aus ihm heraus und wollte fliehen. Da rief der Königssohn den Hunden zu: „Faßt ihn!"

Die Hunde sprangen bellend auf, holten den Eber ein und rissen ihn in Stücke. Da sprang ein Hase aus dem Eber und rannte über das Feld. Der Königssohn befahl wieder den Hunden: „Faßt ihn!" Die Hunde hetzten dem Hasen nach, erhaschten und zerissen ihn. Aber da flog eine Taube aus dem Hasen. Der Königssohn ließ sofort den Falken steigen. Der flog in die Höhe, faßte die Taube mit seinen Krallen und brachte sie dem Jüngling. Der schlitzte die Taube auf und fand in ihr einen Sperling. Er schnappte ihn, hielt ihn fest in der Hand und fragte: „Wo sind meine Brüder? Antworte!"

Der erschrockene Sperling sagte: „Ich sage es dir, ich sage es, tu mir nur nichts an! Am Rande der Stadt deines Vaters steht eine Mühle und in dieser Mühle wächst eine Hasel mit drei Gerten. Schneide sie ab und peitsche mit ihnen die Wurzel der Hasel. Sofort wird sich eine eiserne Tür zu einem großen Gewölbe öffnen und dort befinden sich viele Menschen, alte und junge, arme und reiche, Männer und Frauen, so viele, daß man mit ihnen ein ganzes Königreich bevölkern könnte. Dort sind auch deine zwei älteren Brüder."

Nachdem ihm der Sperling dies verraten hatte, tötete ihn der Königssohn.

Der König war an diesem Tag selbst auf den hohen Berg gegangen, um den Schäfer zu beobachten und hatte alles gesehen und gehört.

Mit dem Sperling hatte der Königssohn auch den bösen Drachen in der Mühle getötet.

Als der Abend dämmerte, wusch sich der Jüngling sorgfältig, setzte sich den Falken auf die Schulter, nahm die Hunde an die Leine, und lustig auf dem Dudelsack spielend, begab er sich auf den Heimweg. Die Königstochter, die ihn schüchtern auf die Stirn geküßt hatte, schritt an seiner Seite, obgleich sie vor Angst noch immer am ganzen Leibe zitterte.

Als sie durch die Stadt zogen, liefen alle Bewohner herbei, um das Wunder aller Wunder zu bestaunen. Der König, der den heldenhaften Kampf des Jünglings selbst beobachtet hatte, ließ ihn kommen und gab ihm seine schöne Tochter zur Frau. Sofort wurde mit einem freudigen Fest Hochzeit gefeiert. Das Fest dauerte eine Woche, Musikanten spielten lustig und das ganze Land war voller Freude.

Erst jetzt verriet der Königssohn, wer er war und woher er stammte. Da freute sich der König und die ganze Stadt noch mehr. Als der Königssohn darauf bestand, nach Hause zurückkehren zu dürfen, gab ihm der König ein prächtiges, berittenes Geleit als Schutz auf den Weg.

Vor der Mühle hielt der Königssohn seine Begleiter an, schnitt die drei Gerten von der Hasel und schlug mit ihnen auf die Wurzel. Sofort öffnete sich eine eiserne Tür und der Jüngling ging hinein in das Gewölbe, wo sich unzählige Menschen aneinanderdrängten. Er führte sie hinaus und ließ sie gehen, wohin sie die Augen führten. Auch seine zwei Brüder traten ins Freie. Er umarmte und küßte sie. Die Menschen bedankten sich bei ihm für ihre Rettung und wiedererlangte Freiheit, und jeder ging seiner Wege. Auch der Königssohn kehrte mit seiner jungen Frau und seinen glücklichen Brüdern zu seinem Vater in den Königspalast zurück. Kurz darauf kam auch der Vater der Prinzessin und sie feierten das Wiedersehen mit einem freudigen Festmahl. Der Königssohn lebte dann mit seiner Frau im Palast und regierte bis zu seinem Tod.

WER IST STÄRKER ALS ICH?

Es lebte einst in einem Dorf ein baumstarker Bursche. Da er kein Handwerk erlernt hatte, hütete er das Vieh.

Wenn er morgens mit dem Vieh auf der Weide ankam, warf er seinen Knüppel in die Höhe und weidete die Tiere so lange, bis ihm der Knüppel wieder in die Hände fiel. Und das war immer erst gegen Abend, denn der Knüppel flog so hoch hinauf, daß der ganze Tag verging, bis er wieder zur Erde herabfiel.

Eines Tages sagte der Junge zu seiner Mutter:

„Mutter, gibt es einen stärkeren Burschen als mich? Hast du gesehen, was ich mit meinem Knüppel zustande bringe?"

Die Mutter sagte lachend: „Ei, mein Sohn, brüste dich nicht, es gibt mehr als einen, der dich am Hosenboden hochheben würde!"

Der Sohn war beleidigt und beschloß, seine Heldenhaftigkeit zu erproben. Er machte sich auf den Weg, um einen Burschen, der stärker wäre als er, zu finden.

Lange wanderte er und kam schließlich zu einem Fluß. Das Wasser war gerade aus seinen Ufern getreten und unser Held konnte es nicht überqueren. Am anderen Ufer sah er Leute Korn dreschen. Er rief einem der Männer zu, er solle ihm zeigen, wo eine Brücke sei, damit er den Fluß überqueren könne. Der Drescher nahm eine Wurfschaufel in die Hand, streckte sie über den Fluß und forderte den Jüngling auf, sich draufzusetzen. Der Bursche setzte sich auf die Schaufel und der Drescher warf ihn ans andere Ufer. Neugierig ging er in die Scheune zu den Dreschern. Dort sah er einen alten Mann, der sich mit dem Finger ein Nasenloch zuhielt und mit dem zweiten Nasenloch ins Getreide, welches vier Drescher worfelten, blies.

Der Bursche fragte den Greis, warum er nicht aus beiden Nasenlöchern blase. Die Drescher erklärten ihm, daß der Wind aus beiden Nasenlöchern nicht nur das Getreide, sondern sie selbst wegwehen würde.

Jetzt erkannte der Bursche, daß er es mit riesenstarken Männern zu tun hatte und seine Kraft erproben könne. Er erzählte ihnen, weshalb er gekommen war und als dies ein blinder Greis hörte, sagte er:

„Strecke die Hand aus, Junge, ich will deine Kraft erproben!"

Die Drescher rieten ihm, nicht die Hand, sondern den eisernen Stiel der Schaufel hinzuhalten. Der Greis drückte seinen Daumen auf den Stiel und sofort bildete sich ein Loch unter seinem Daumen. Da sagte der Greis:

„Du bist ein strammer Bursche, aber nichts Besonderes! Da du aber nun einmal hier bist, gebe ich dir einen Rat. Vor einer Weile hat ein Soldat ein Mädchen entführt. Dieser Soldat hier ist der Vater des Mädchens und diese Jünglinge hier sind seine Brüder. Eile ihnen nach, und wenn du es schaffst, ihm das Mädchen wegzunehmen, heirate es!"

Der Bursche machte sich sofort auf die Beine, freudig überzeugt, daß ihm das schöne Mädchen als Lohn in den Schoß fallen werde. Nach kurzer Zeit holte er die beiden bei einer Quelle ein. Das Mädchen saß neben der Quelle und hielt den Kopf des schlummernden Soldaten auf den Knien. Der Bursche schwang seinen Knüppel und versetzte dem Soldaten ein paar tüchtige Hiebe auf den Kopf. Der Soldat zuckte zusammen und schalt das Mädchen, das ihm den Kopf kraulte, warum es ihn geweckt habe. Als er jedoch den Burschen mit dem Knüppel bemerkte, sprang er auf und rannte dem davoneilenden Helden nach. Der wußte in der Eile nicht, wo er sich verstecken könnte.

Da kam ihm ein Wagner entgegen. An seinem Gürtel hingen zwölf Räder, die er hinter sich herzog während er vergnügt auf dem Dudelsack spielte. Der fliehende Bursche lief zu ihm und bat, er möge ihn irgendwo verstecken, weil ihn der Soldat verfolge. Der Wagner sagte weder ja noch nein, knöpfte seine weite Hose auf und versteckte in ihr den zitternden Burschen. Dann ging er weiter, schleppte seine zwölf Räder und spielte auf dem Dudelsack.

Bald darauf holte ihn der Soldat ein. Er stellte sich vor den Wagner, hielt die Räder an und fragte, ob nicht so und so ein Bursche hier vorbeigelaufen sei. Der Wagner beteuerte, nicht einmal ein Vöglein gesehen zu haben, geschweige denn ein menschliches Wesen. Doch der Soldat blieb beharrlich bei seiner Behauptung, der Wagner hätte den Burschen irgendwo versteckt und müsse ihn herausgeben.

Ein Wort gab das andere, jeder behauptete das Seine, bis sie schließlich in Streit gerieten. Da sich der Soldat hartnäckig widersetz-

te, wurde der Wagner zornig, schlug den Widerspenstigen zu Boden und der Soldat blieb mausetot liegen.

Der Wagner marschierte dann gemächlich weiter, spielte auf dem Dudelsack und vergaß auf den Burschen in seiner Hose. Erst als er sich abends niedersetzen wollte, kreischte der Held in der Hose:

„Langsam, Brüderchen, setze dich langsam nieder, sonst zerquetschst du mich!"

Der Wagner befreite den Burschen aus seinem finsteren Hosengefängnis, und der kehrte beschämt nach Hause zurück und prahlte nie wieder mit seiner Kraft.

DER TEUFEL UND SEIN LEHRLING

Es lebte einst ein Mann und der hatte einen einzigen Sohn.

Eines Tages sagte der Sohn zum Vater: „Vater, was wollen wir machen? Ich kann so nicht weiterleben. Ich ziehe hinaus in die Welt, um ein Handwerk zu erlernen. Du weißt ja selbst, wie das heute ist! Das Handwerk hat einen goldenen Boden, und wenn man sich in irgendeinem ein bißchen auskennt, rollt der Groschen und es geht einem besser als jedem Bauern."

Der Vater versuchte lange, ihn umzustimmen. Er erklärte ihm, daß ein Handwerk viel Mühe und Sorgen bereite und Arbeit von Montag bis Sonnabend verlange. Und ob er seinen Vater allein zurücklassen wolle! Aber der Sohn gab nicht nach. Schließlich erlaubte ihm der Vater, in die Lehre zu gehen. Und so zog der Sohn hinaus in die weite Welt, um ein Handwerk zu erlernen.

Auf seiner Wanderung kam er zu einem großen See. Er schlenderte am Ufer entlang und begegnete einem grüngekleideten Männlein. Der seltsame Kleine fragte den Jüngling, wohin er gehe.

Der Jüngling antwortete: „Ich suche in der Welt nach einem Meister, der mich sein Handwerk lehren würde."

Da sagte ihm das Männlein im grünen Anzug: „Ich bin ein Meister, komm zu mir als Lehrling! Ich bringe dir mein Handwerk bei, wenn das alles ist, was dein Herz begehrt!"

Der Junge freute sich und folgte ihm.

Sie gingen eine Weile am Ufer entlang, plötzlich sprang der Meister ins Wasser, begann zu schwimmen und rief dem Jungen zu: „Spring zu mir ins Wasser und lerne Schwimmen!" Der wollte sich herausreden und sagte, er habe Angst vor dem Ertrinken. Aber der Meister ermutigte ihn: „Fürchte dich nicht, spring nur!"

Der Junge sprang ins Wasser und schwamm eine Weile neben dem

Meister. Als sie in der Mitte des Sees waren, packte das Männlein den Jungen am Hals und zog ihn hinunter auf den Grund.

Das Männlein war nämlich ein Teufel. Er führte den Jungen in seinen Palast, übergab ihn zur Ausbildung in die Obhut einer Greisin und versprach, ihn nach Abschluß seiner Lehre wieder auf die Welt zurückzuschicken.

Als der Teufel fortgegangen war, sagte die Greisin zum Jungen: „Söhnchen, du glaubst, dieser Grüne wäre ein Meister, wie es manche Menschen auf der Erde über dem Wasser sind. Er ist aber kein Meister, sondern der Leibhaftige selbst. Auch mich hat er belogen und hierher geschleppt. Höre gut zu, was ich dir jetzt sage. Ich werde dir sein teuflisches Handwerk beibringen, aber wenn er dich fragen wird, ob du schon etwas erlernt hast, mußt du jedesmal mit Nein antworten, wenn du seiner Macht entrinnen und auf die Erde zurückkehren willst."

Nach einiger Zeit kam der Teufel und fragte den Lehrling: „Was hast du erlernt?"

„Noch nichts", antwortete der Junge.

So vergingen drei Jahre. Sooft der Meister den Lehrling fragte was er erlernt habe, antwortete dieser jedesmal: „Noch nichts!" Schließlich wurde der Teufel ungeduldig und fragte ihn zum letzten Mal: „Hast du endlich etwas erlernt?"

Der pfiffige Junge antwortete: „Noch nichts, ich habe sogar alles was ich bisher wußte, vergessen."

Da wurde der Teufel fuchsteufelswild und schrie: „Wenn du bisher nichts erlernt hast, wirst du nie etwas erlernen, scher dich, wohin du willst!"

Der Junge, dem die Greisin das Teufelshandwerk gut beigebracht hatte, sprang hinauf zur Wasseroberfläche und schwamm ans Ufer. Er eilte sofort nach Hause zu seinem Vater. Als ihn der Vater kommen sah, lief er ihm entgegen und rief freudig: „Mein Sohn, wo warst du so lange? Wo bist du gewesen?"

Der Sohn antwortete: „Ich habe ein Handwerk erlernt."

Bald darauf fand im benachbarten Dorf ein Jahrmarkt statt. Der Sohn schlug dem Vater vor: “Vater, laß uns auf den Jahrmarkt gehen!“

„Und was sollen wir auf den Markt bringen? Wir haben doch überhaupt nichts!“ sagte der Vater.

„Kümmere dich nicht darum, Vater!“ sagte der Sohn.

Also gingen sie auf den Jahrmarkt.

Unterwegs sagte der Sohn: „Vater, wenn wir in die Nähe des

Marktes kommen, werde ich mich in das schönste Pferd, dem kein anderes gleichkommt, verwandeln. Alle Menschen auf dem Markt werden mich bewundern. Auch mein Meister wird dort sein und er wird mich kaufen. Er wird für mich jeden Preis, den du verlangen wirst, bezahlen. Aber ich warne dich, um keinen Preis der Welt darfst du ihm mein Halfter in die Hand geben! Sobald du das Geld in den Händen hast, nimm mir das Halfter ab und schlage damit auf den Boden."

Als sie in die Nähe des Marktes kamen, verwandelte sich der Jüngling in ein wunderschönes Pferd. Der Vater führte es auf dem Markt auf und ab und im Nu liefen alle Menschen herbei, sie bewunderten das Pferd, aber keiner wagte nach dem Preis zu fragen. Plötzlich stand, wie aus der Erde gewachsen, der Meister des Sohnes vor dem Pferd. Er hatte sich in einen Türken verkleidet, auf dem Kopf saß ihm ein weißer Turban und sein Kaftan hing ihm bis auf den Boden.

Er betrachtete das Pferd, dann sagte er zum Vater: „Ich kaufe dieses Pferd. Wieviel verlangst du, alter Mann?"

Der Vater dachte sich eine hohe Summe aus, der Türke feilschte nicht, sondern bezahlte auf der Stelle. Als der Vater das Geld in der Hand hatte, nahm er dem Pferd das Halfter ab und schlug damit auf den Boden. Im gleichen Augenblick verschwanden Pferd und Käufer. Und als der Vater nach Hause kam, war sein Sohn schon daheim.

Nach einiger Zeit fand wieder ein Jahrmarkt statt, diesmal in der Stadt. Der Sohn sagte zu seinem Vater:

„Diesmal werde ich mich in einen Marktstand verwandeln. Er wird voll einzigartiger Waren sein, auf dem ganzen Markt wird es keine ähnlichen geben. Niemand wird diese Waren kaufen können, aber mein Meister wird kommen und bezahlen, was du verlangen wirst. Aber ich warne dich: um keinen Preis der Welt darfst du ihm den Schlüssel geben. Sobald du das Geld in Händen hast, wirf den Schlüssel auf den Boden!"

Und so geschah es auch. Der Junge verwandelte sich in einen

prächtigen Marktstand und alle Menschen liefen herbei und bestaunten ihn. Keiner wagte jedoch nach dem Preis zu fragen. Plötzlich stand wieder der Meister des Sohnes da. Er hatte sich in einen türkischen Händler verkleidet und fragte den Vater:

„Wieviel willst du dafür?"

Wieviel der Vater sagte, so viel bezahlte der Türke ohne zu feilschen. Als aber der Vater das Geld in der Hand hatte, warf er den Schlüssel auf die Erde. In diesem Augenblick verschwanden Marktstand und Käufer. Der Marktstand hatte sich in eine Taube und der Türke in einen Sperber verwandelt, und der Sperber jagte der Taube nach.

Während die Vögel in der Luft umherschwirrten, trat die Königstochter aus dem Palast und beobachtete die Jagd. Die Taube schoß plötzlich im Sturzflug hinab, setzte sich dem Mädchen auf die Hand und verwandelte sich in einen Ring. Auch der Sperber ließ sich zu Boden fallen, verwandelte sich in einen Menschen, ging zum König und bot ihm seine Dienste an. Er versprach, drei Jahre unentgeltlich, ohne Verköstigung, Kleidung und Schuhe zu dienen, wenn ihm der König den Ring, den seine Tochter am Finger trägt, gibt.

Aber der Junge, der jetzt bereits ein schmucker Jüngling war, ging zur Prinzessin und warnte sie: „Wenn der neue Diener nach seinen abgelaufenen Dienstjahren deinen Ring verlangen wird, gib ihn nicht aus der Hand, sondern wirf ihn auf die Erde!"

Drei Jahre vergingen und der König bat seine Tochter um ihren Ring. Aber das Mädchen tat als wäre es böse und warf den Ring zornig auf die Erde. Der Ring zersprang, lauter Hirsekörner fielen aus ihm heraus und ein Körnchen rollte vor den Schuh des Königs.

Da verwandelte sich der Diener plötzlich in einen Sperling und begann in wilder Hast die Hirsekörnchen aufzupicken. Als er alle Körnchen aufgepickt hatte, hüpfte er schnell zum Körnchen vor dem Schuh des Königs, aber aus diesem sprang ein Kater und der verschlang heißhungrig den Sperling.

VOM MÄDCHEN, DAS KLÜGER ALS DER KÖNIG WAR

Es lebte einst in einer armseligen Hütte ein bettelarmer Mann, der hatte nichts, nur eine sehr kluge Tochter. Sie lehrte ihren Vater, wie man bitten und herzergreifend reden müsse. Dieser arme Teufel kam einmal zum König und bat um ein Almosen. Der König fragte ihn, woher er komme und wer ihm beigebracht habe, so rührend zu bitten und so herzbewegend zu reden. Der Arme erzählte dem König wo er zu Hause war und daß er alles, was er wisse und könne von seiner Tochter gelernt habe.

„Und von wem hat das deine Tochter erlernt?" fragte ihn der König.

Der Bettler antwortete: „Ihr wurde die Klugheit in die Wiege gelegt, auch hat sie das Elend gelehrig gemacht."

Da gab ihm der König dreißig Eier und sagte: „Bring dies deiner Tochter und sage ihr, sie soll für mich aus diesen Eiern dreißig Küken ausbrüten lassen, ich werde sie reich belohnen. Wenn sie es aber nicht tut, wird es dir schlimm ergehen!"

Der Arme kehrte mit den dreißig Eiern in seine Elendshütte zurück und erzählte alles seiner Tochter. Sie betrachtete die Eier und sah, daß sie hartgekocht waren. Sie schickte ihren Vater zu Bett und sagte, er solle sich ausruhen, sie werde sich schon zu helfen wissen. Der Vater gehorchte und ging schlafen. Die Tochter fachte das Feuer an, goß Wasser in einen Topf, füllte ihn mit Bohnen und kochte sie. Am nächsten Morgen forderte sie den Vater auf, Ochsen vor den Pflug zu spannen und das Feld neben dem Weg, auf dem der König immer seinen morgendlichen Spazierritt machte, zu pflügen. Und wenn der König an ihm vorbeireiten werde, solle er die gekochten Bohnen aussäen und rufen: „Hüo, Öchslein, hüo! Die gekochten Bohnen sollen gedeihen!" Und wenn ihn der König fragen wird, wie gekochte Bohnen gedeihen könnten, solle er antworten: „Genau so, wie aus gekochten Eiern Küken schlüpfen!"

Der Vater befolgte den Rat seiner Tochter, spannte Ochsen vor den Pflug und ging aufs Feld. Als sich der König näherte, begann er laut zu schreien: „Hüo, Öchslein, hüo! Gott helfe mir und lasse meine gekochten Bohnen aufkeimen und gedeihen!"

Der König hörte es, blieb stehen und fragte verwundert: „Du armer Tropf, wie sollen gekochte Bohnen keimen und gedeihen?" Der Arme antwortete: „Erhabener König, genau so, wie aus gekochten Eiern Küken schlüpfen!"

Der König wußte sofort, daß dies die kluge Tochter dem Vater geraten hatte. Er befahl den Dienern, den Bettler in den Palast zu bringen. Er gab ihm ein Bündel Flachs und sagte: „Nimm das hier und sage deiner Tochter, sie soll aus diesem Bündel Flachs ein Reep drehen, Segel und alles, was man auf einem Schiff braucht, weben. Wenn sie es nicht schafft, kommst du um deinen Kopf!"

Der Arme nahm verstört das kleine Bündel Flachs und ging weinend fort. Zu Hause erzählte er seiner Tochter, wie es ihm beim König ergangen war. Die Tochter schickte ihn wieder schlafen und versprach, einen Ausweg zu finden. Am nächsten Morgen weckte sie den Vater, gab ihm einen dünnen Holzspan und sagte: „Bringe diesen Holzspan zum König und verlange von ihm, er soll daraus Werg und Spindel schnitzen. Wenn er es schafft, erfülle auch ich alles, was er von mir verlangt.

Der Vater befolgte alles genau. Als ihn der König angehört hatte, kam er aus dem Staunen nicht heraus und wußte nicht recht, was weiter. Schließlich nahm er ein kleines Glas und sagte: „Sage deiner Tochter, sie soll mit diesem Glas das Meer ausschöpfen, und zwar so gründlich, daß nur trockene Erde und Felder übrig bleiben."

Der arme Teufel nahm das Gläschen und erzählte seiner Tochter, was ihm der König befohlen hatte. Die kam jedoch auch diesmal nicht in Verlegenheit. Sie schickte den Vater schlafen und sagte ihm, er solle nur alles ihr überlassen. Am nächsten Morgen gab sie ihm ein Pfund Flachsflocken.

„Bring dies dem König", sagte sie, „und sage ihm, er soll mit diesen Flachsflocken alle Quellen, Brunnen, Bäche und Seen zustopfen. Wenn er es fertigbringt, werde ich mit dem Gläschen das Meer ausschöpfen."

Der Bettler ging zum König und sagte ihm, was ihm seine Tochter aufgetragen hatte. Der König begriff nun, daß das Mädchen klüger als er selbst war und befahl dem Vater, seine Tochter in den Palast zu bringen. Der Vater holte das Mädchen, und nachdem sich beide vor dem König verneigt hatten, sagte dieser: „Rate, Mädchen, was ist bis in weiteste Ferne zu hören?"

Das Mädchen antwortete: „Erlauchter König, der Donner und die Lüge sind am lautesten."

Der König griff sich an den Bart, wandte sich an seine Berater und fragte sie: „Erratet, wieviel mein Bart kostet." Die einen sagten dies, die anderen jenes, da unterbrach sie das Mädchen und sagte, daß sie es nicht erraten hätten, denn der Bart des Königs habe den Wert von drei Sommerregen.

Erstaunt gab der König dem Mädchen recht. Dann fragte er es, ob es nicht seine Frau werden wolle. Das Mädchen verneigte sich wieder und sagte: „Mein erhabener König, was du willst, soll geschehen, ich bitte dich nur, schreibe mit eigener Hand auf einen Zettel, daß ich das, was ich am liebsten haben werde, mitnehmen darf, wenn sich einmal jemand gegen mich wenden und aus dem Palast hinausjagen sollte."

Der König war einverstanden und unterschrieb, was das Mädchen verlangte.

Nach einiger Zeit wurde der König wegen irgend einer Kleinigkeit auf die Königin böse und rief: „Verschwinde aus meinem Palast, du bist meine Frau nicht länger!" Die Königin sagte: „Mein König, ich gehorche dir, erlaube mir nur noch das letzte Mal hier zu übernachten, morgen gehe ich fort!"

Der König erlaubte es ihr. Die Königin bereitete ein reiches Abendessen zu, goß einen Absud aus duftenden Kräutern in den Wein und reichte ihn dem König mit den Worten: „Trink, mein König, so viel dein Herz begehrt, denn morgen trennen wir uns, und glaube mir, ich werde glücklicher sein als an dem Tag, an dem ich dich geheiratet habe."

Der König betrank sich und schlief ein. Die Königin ließ eine Kutsche vorfahren und brachte den König in eine dunkle Höhle. Als der König aufwachte und bemerkte wo er sich befand, rief er: „Wer hat mich hergebracht?"

Und die Königin antwortete:

„Ich habe dich hergebracht!"

Der König fragte sie: „Warum hast du das getan? Habe ich dir denn nicht gesagt, daß du nicht mehr meine Frau bist?"

Da zeigte ihm die kluge Frau den Zettel und sagte: „Es ist wahr, mein erhabener König, du hast es mir gesagt, aber schau, was du hier aufgeschrieben hast: da steht doch, daß ich das, was ich am liebsten habe, aus dem Palast mitnehmen darf!"

Der König begriff sofort, was sie meinte, küßte sie und kehrte mit ihr in den Palast zurück. Dort regierte der erhabene König mit seiner klugen Frau bis an sein Lebensende.

DREI RINGE

Ein König warb einst für seinen Sohn um die Hand einer Königstochter. Er schickte dem königlichen Vater des Mädchens einen Brief mit einem Verlobungsgeschenk.

Nachdem der benachbarte König den Brief durchgelesen hatte, sagte er zum Boten:

„Freundchen, ich kann dir nichts versprechen, bevor ich nicht meine Tochter gefragt habe."

Dann ging er zu seiner Tochter und erzählte ihr, daß sie der benachbarte König für seinen Sohn zur Frau haben wolle, und auch schon den Verlobungsring geschickt hätte.

„Ich weiß jedoch nicht, was ich antworten soll!"

Die Tochter sagte:

„Laß ihm sagen, daß ich seinen Sohn nur dann heiraten werde, wenn er mir drei Ringe bringt: einen von einem Stern, einen vom Mond und einen von der Sonne."

Der König teilte alles dem Boten mit und fügte hinzu:

„Grüße deinen König von mir, bedanke dich in meinem Namen bei ihm und sage ihm, er solle mir wegen der Antwort meiner einzigen Tochter nicht zürnen, aber ich bin ihr gegenüber machtlos."

Der Bote kehrte zu seinem König zurück und erzählte ihm, was er erreicht hatte. Der König ärgerte sich und zerbrach sich den Kopf, wie er die drei Ringe erlangen könnte. Schließlich ließ er in der ganzen Welt verlautbaren, daß er dem, der ihm diese Ringe besorgt, entweder das halbe Königreich, oder unermeßliche Reichtümer schenken werde.

Aber alles war vergeblich.

Die Zeit verging und der Königssohn wurde immer trübsinniger und dachte mehr ans Sterben als ans Leben. Traurig wanderte er durch die Gegend und kam in einen Wald, wo er einer Greisin begegnete.

Er grüßte sie: „Gott gebe dir Gesundheit, Mütterchen!"

„Auch dir, im Unglück glückliches Söhnchen!" erwiderte die Greisin seinen Gruß.

Der Königssohn fragte verwundert, wie er dies verstehen solle.

Und die Greisin erklärte ihm:

„Um ein Haar hätte dich dein Gram das Leben gekostet und das ist dein Unglück. Aber du hast einen Arzt gefunden, der dich von deinem Kummer befreit, und das ist dein Glück!"

Der Jüngling begann ihr zu erzählen, was ihn bedrückt, aber die Greisin unterbrach ihn:

„Genug, genug, ich weiß was dich quält und was dir fehlt! Nimm dieses Kraut aus meinem Ausschnitt und lege es dir auf die Brust. Dann kämme mir die Haare auseinander, laß die eine Hälfte der Haare über meinen Rücken hinabfallen, die andere Hälfte über meine Brust."

Der Königssohn tat, was die Greisin verlangte. Er nahm das Kraut aus ihrem Ausschnitt und legte es sich auf die Brust, dann flocht er ihre Zöpfe auseinander. Das rabenschwarze Haar, in dem nur vereinzelt ein graues Haar schimmerte, fiel über die Brust und den Rücken der Greisin.

Am Abend sagte die Greisin zum Königssohn:

„Wenn du einen neuen Stern entdeckst, nimm das Kraut von deiner Brust und rufe: Stern, gib mir den Ring!

Der Jüngling hatte die Worte kaum ausgesprochen, da schüttelte sich der Stern und ein mit einem Stern geschmückter Ring fiel ihm vor die Füße.

Um Mitternacht, als der Vollmond am hellsten schien, sagte die Greisin wieder:

„Söhnchen, nimm das Kraut von deiner Brust und rufe zwei Mal: „Guter Mond, gib mir den Ring!"

Der Königssohn gehorchte. Da schüttelte sich der Mond und vor die Füße des Jünglings fiel ein Ring mit einem kleinen Mond.

Und als vor Sonnenaufgang der Morgen dämmerte, sagte die Greisin:

„Gib gut acht, Söhnchen! Wenn sich die ersten Sonnenstrahlen zeigen werden, beobachte sie durch meine Haare, und wenn dann die Sonne ganz aufgeht, rufe drei Mal: „Sonne, verwandle diese Haare in einen Sonnenring!“

Der Königssohn gehorchte. Kaum hatte er zum dritten Mal die Worte ausgesprochen, verwandelten sich die Haare der Greisin in einen Ring, und der strahlte so schön wie die Sonne.

Der Jüngling besaß nun alle drei Ringe. Er fragte die Greisin wie er sie für ihre Hilfe belohnen solle.

Sie antwortete:

„Ich verlange nur, daß du niemandem ein Sterbenswort von allem erzählst und daß du solange du lebst im Guten an mich denkst."

Der Königssohn bedankte sich, küßte ihr ritterlich die Hand und verabschiedete sich dankbar und glücklich.

Als er nach Hause zurückkehrte, zeigte er die Ringe seinem Vater. Der Vater zögerte nicht und schickte die Ringe sofort dem Mädchen. Nun war die Königstochter einverstanden und es wurde Hochzeit gefeiert, wie es an Königshöfen Brauch und Sitte war.

SIEBEN STERNE

Es waren einmal zwei benachbarte Königreiche. In einem regierte König Peter, im anderen König Tatar.

König Peter hatte eine schöne Tochter, das schönste Mädchen auf der ganzen Welt.

Eines Tages schickte König Tatar einen Boten zum König Peter und ließ ihm mitteilen, daß er seine schöne Tochter zur Frau haben wolle. Sollte sich König Peter weigern, würde er mit seinem Heer anrücken, das benachbarte Königreich erobern, es in Schutt und Asche legen, König Peter als Sklaven gefangennehmen und seine Tochter rauben. König Peter hörte sich die Botschaft an, dann sagte er zum Boten:

„Geh und sage deinem König, meine Tochter sei gestorben, er soll sich eine andere Prinzessin suchen und sich auf keinen Kampf mit mir einlassen."

Als der Bote fortgegangen war, ließ König Peter sofort einen großen Turm bauen, in dem genügend Platz für zwei Menschen und Nahrung und Getränke für drei Jahre war. Als der Turm fertig war, überließ König Peter die Herrschaft über sein Reich einem rechtschaffenen Diener und ließ sich und seine Tochter in den Turm einmauern. Nach drei Jahren sollte man den Turm abtragen und ihn und seine Tochter herauslassen.

Er befahl auch, jedem Besucher zu sagen, König Peter befinde sich nicht im Königreich, sondern auf dem Weg zur Sonne, um sie zu fragen, warum im Winter die Tage kurz und kalt sind und warum die Menschen in seinem Königreich während der kalten Jahreszeit nicht ordentlich arbeiten können und nur faulenzen.

Nach einiger Zeit kam König Tatar zu König Peter und dessen Tochter. Unterwegs hatte er von den Bewohnern des Landes erfahren, daß die Prinzessin gestorben und der König auf dem Weg zur Sonne sei. Er wollte es jedoch nicht glauben. Erst als er in den Palast kam und sich überzeugte, daß niemand anwesend war und überall Totenstille herrschte, kehrte er in sein Königreich zurück.

Nach drei Jahren öffnete man den Turm, König Peter trat ins Freie, aber von seiner Tochter fehlte jede Spur. Selbst der König wußte nicht, wie und wohin sie verschwunden war.

Am selben Tag sollte ein Schuldiger zum Tode verurteilt werden. Die Menschen strömten in Scharen zum Kerker, um den Burschen zu sehen. Der Gefangene wandte sich an die versammelten Neugierigen und sagte:

„Wenn König Peter wüßte, was ich weiß, würde er mich aus dem Kerker hinauslassen und mir das Leben schenken. Ich würde seine Tochter finden und in den Palast zurückbringen."

Die Nachricht über die Behauptung des Gefangenen verbreitete sich wie ein Lauffeuer und bald kam sie auch dem König zu Ohren. Er ließ sofort den Gefangenen bringen und fragte ihn:

„Ist es wahr, daß du meine Tochter finden und heimbringen kannst? Wenn du es schaffst, spreche ich dich von deiner Schuld frei und schenke dir das Leben!"

Der Gefangene antwortete:

„Ich würde es schaffen, wenn du befiehlst, mich freizulassen und mir die Fessel abzunehmen!"

König Peter befahl, ihm die Fessel abzunehmen, gab ihm Geld und rüstete ihn für die Reise aus.

Lange wanderte der Gefangene durch die Welt, erkundigte sich überall nach der Königstochter, aber niemand wußte etwas von dem Mädchen. Er durchwanderte neun Welten und als er an die Grenze der zehnten kam, entdeckte er ein Zimmer, in dem eine Greisin saß.

„Guten Tag, Mutter!" grüßte er, ging zu ihr und küßte ihr die Hand.

„Guten Tag, Söhnchen, was führt dich her?"

„Ich suche König Peters Tochter", antwortete der einstige

Gefangene und erzählte ihr der Reihe nach: wie sie aus dem Turm verschwand, ohne daß es ihr Vater oder jemand anderer bemerkt hätte. Und daß man ihn selbst eingesperrt, zum Tode verurteilt und nur freigelassen hatte, weil er dem König versprochen habe, seine Tochter zu suchen. Nun habe er schon neun Königreiche durchwandert, aber von der Königstochter sei nirgends eine Spur zu finden.

Da sagte die Greisin:

„Dein Glück, daß du mich mit deinem Gruß Mutter nanntest und mir die Hand geküßt hast! Jetzt bist du mein Sohn! Ich habe fünf Drachen als Söhne. Sie zerreißen jeden, den sie bei mir finden, aber dich gebe ich nicht her!"

Dann forderte sie den Burschen auf, sich neben sie zu setzen und begann zu erzählen:

„Meinen ersten Sohn übertrifft keiner im Stehlen. Er bringt es fertig, aus einem lebendigen Schaf das lebendige Lamm zu stehlen, ohne daß es das Mutterschaf bemerkt. Mein zweiter Sohn hat einen besseren Spürsinn als der beste Spürhund. Er findet todsicher auch eine neunjährige Spur. Mein dritter Sohn ist Maurer und baut im Handumdrehen ein großes Haus auf. Mein vierter Sohn ist ein solch vortrefflicher Schütze, daß er einen Stern vom Himmel schießen kann. Und mein fünfter ist ein solch geschickter Häscher, daß er den Donner mit einer Hand erhaschen kann. Wenn diese fünf die Prinzessin nicht finden und herbringen, gelingt es wahrhaftig niemandem auf der Welt."

Sie hatte kaum ausgesprochen, da ertönte draußen ein lautes Gepolter. Die Söhne der Greisin, die fünf Drachen waren nach Hause gekommen. Sie versteckte schnell den Gast unter einem Trog hinter der Tür, damit ihn die Söhne nicht im ersten Zornesausbruch zerreißen. Die Söhne sprangen ins Zimmer und riefen:

„Guten Abend, Mutter!"

„Willkommen, liebe Kinder, willkommen! Seid ihr heute weit herumgekommen?"

„Weit, Mutter, sehr weit", antwortete einer der Söhne.

Plötzlich sagte der jüngste:

„Hier riecht es nach Menschenfleisch. Zeige mir, Mutter, wo er ist!“

„Du hast recht, er ist hier. Er ist aber unser verbrüderter Freund. Er hat mich als Mutter anerkannt und ich ihn als Sohn, denn als er ins Zimmer kam, nannte er mich Mutter und küßte mir die Hand!“

„Und was sucht dieser Verbrüderte bei uns?“ fragte der älteste Drache.

„Er sucht eine Königstochter“, erklärte die Mutter und erzählte ihnen wie und was. Schließlich sagte sie:

„Morgen, meine lieben Kinder, werdet ihr euch auf die Suche nach der Königstochter aufmachen. Und jetzt schwört mir, daß ihr eurem neuen Bruder kein Haar krümmen werdet!“

Nachdem es die Söhne versprochen hatten, ging die Greisin vergnügt zum Trog, hob ihn auf und nahm ihr Söhnchen bei der Hand. Die fünf Söhne begrüßten und küßten ihren Herzensbruder, und während sie ihn küßten, floß dem Burschen zwölf Liter Blut aus den Adern.

Nach dem Abendessen legten sich alle schlafen. Die müde Drachenmutter und ihre Söhne schliefen wie Murmeltiere, aber der arme Bursche wälzte sich vor Schmerz die ganze Nacht von einer Seite auf die andere.

Am nächsten Morgen standen die Drachen in aller Frühe auf, weckten ihren Herzensbruder und alle machten sich auf die Suche nach der Königstochter. Der Drache mit der Spürnase schnupperte ein Weilchen herum und fand den Weg, auf welchem die Prinzessin entführt worden war. So erfuhren sie, daß sich die Königstochter in der Gewalt eines siebenköpfigen Drachens befand.

Als sie wußten, wo sie die Königstochter zu suchen hatten, ging der Meisterdieb in den Palast des siebenköpfigen Drachens. Der schlief gerade auf dem Schoß des Mädchens. Der Dieb nahm das Mädchen in seine Arme und flog mit ihm mühelos und so leise aus dem Palast,

daß es der Drache gar nicht bemerkte. Erst als er aufwachte entdeckte er, daß das Mädchen entführt worden war. So schnell er konnte, flog er den Brüdern nach.

Als der Maurer-Drache sah, daß der siebenköpfige Drache seinem Bruder auf den Fersen war, baute er blitzschnell einen Turm, in welchem sich alle versteckten. Der siebenköpfige Drache flog zum Turm, schleuderte wutentbrannt seine Köpfe nach allen Seiten – drei schleuderte er von rechts nach links, drei von links nach rechts, den siebenten streckte er in die Höhe und spie aus allen Rachen lodernde Flammen. Die Sonne verfinsterte sich, es wurde dunkel, man konnte glauben, es sei Mitternacht. In dieser finsteren Wolke zermalmte der siebenköpfige Drache den Turm zu Staub, packte das Mädchen und flog hinauf zu den Wolken.

Aber der Meisterschütze der Drachen zielte und traf mit seinem Geschoß den siebenköpfigen Drachen mitten ins Herz, und der Drache ließ die Königstochter fallen. Das Mädchen begann schnell zu fallen und über ihm stürzte der Drache zur Erde hinab.

Da lief der Meisterhascher der Drachen herbei und fing das Mädchen in seinen Armen auf, so leicht, als wäre es eine Feder. Die anderen Brüder warteten auf den Drachen und hackten ihm noch in der Luft alle sieben Köpfe ab.

So befreiten die fünf Drachen die Königstochter. Alle freuten sich über das schöne Mädchen und begannen sich bald zu zanken, wem sie gehören solle.

Der einstige Gefangene mischte sich in ihren Streit ein und sagte:

„Brüder, das Mädchen gehört mir, ihr wißt ja, daß ich es zu seinem Vater bringen muß, damit er mir mein Leben schenkt. Wenn ich es nicht gesucht hätte, ihr hättet das Mädchen nie gefunden, weil ihr von ihm nichts gewußt habt!“

Der Drache mit dem besten Spürsinn sagte:

„Das Mädchen gehört mir! Denn wenn ich es nicht aufgespürt hätte, würdest du es vergeblich bis an dein Lebensende suchen!“

Der Dieb sagte:

„Das Mädchen gehört mir! Denn wenn ich es nicht gestohlen hätte, wäre es jetzt nicht hier und du würdest es vergeblich suchen!“

Der Maurer rief:

„Das Mädchen gehört mir! Denn wenn ich den Turm nicht gebaut und dich und die Prinzessin nicht versteckt hätte, würde dich der siebenköpfige Drache eingeholt und das Mädchen entführt haben. Umsonst hättest es du, Brüderchen, gesucht, du, Brüderchen Spürnase aufgespürt, und du, Brüderchen Dieb gestohlen!“

Der Meisterschütze sagte:

„Das Mädchen gehört mir! Denn wenn ich den Drachen nicht abgeschossen hätte, wäre der Drache mit dem Mädchen entflohen und du, Brüderchen, hättest es vergeblich gesucht, du, Brüderchen Spürnase, vergeblich aufgespürt, du, Brüderchen Dieb, vergeblich gestohlen und du, Brüderchen Maurer, vergeblich im Turm versteckt!“

Der Häscher behauptete:

„Das Mädchen gehört mir! Denn wenn ich es nicht aufgefangen hätte, wäre es auf die Erde aufgeprallt und hätte sich alle Knochen im Leib zerbrochen und keiner von euch würde es haben! Du, Brüderchen Verurteilter, hättest es umsonst gesucht, du, Brüderchen Spürnase, umsonst aufgespürt, du, Brüderchen Dieb, umsonst gestohlen, du, Brüderchen Maurer, umsonst im Turm versteckt und du, Brüderchen Schütze, hättest umsonst den Drachen erschossen!“

So zankten sie sich herum, wem das Mädchen gehören solle. Während sie herumstritten, trafen sie die Mutter des Windes, erzählten ihr alles und baten sie, ihren Streit zu entscheiden.

Die Mutter des Windes hörte sie an und fragte:

„Und wart ihr schon bei der Mutter des Mondes, um ihr Urteil zu hören?“ Sie sagten nein, sie wären nicht dort gewesen und die Mutter des Windes gab ihnen diesen Rat:

„Geht zur Mutter des Mondes, die wird euch raten, denn sie hat einen Sohn, der einen großen Teil der Welt durchwandert hat.“

Die Brüder gingen mit dem Mädchen zur Mutter des Mondes. Sie sagten weder Grüß Gott noch Guten Tag, sondern riefen schon an der Tür:

„Die Mutter des Windes schickt uns, du sollst uns sagen, wem das Mädchen gehört!“ Erst dann erzählten sie ihr alles.

Die Mutter des Mondes sagte:

„Und wart ihr schon bei der Mutter der Sonne?“

Sie sagten nein, sie wären nicht dort gewesen, und die Mutter des Mondes riet ihnen:

„Kinder, geht zur Mutter der Sonne, die wird am gerechtesten entscheiden, denn ihr Sohn hat ein noch größeres Stück Welt durchwandert als meiner!“

Also gingen sie zur Mutter der Sonne. Sie sagten weder Grüß Gott noch Guten Tag und riefen schon an der Tür:

„Die Mutter des Mondes schickt uns zu dir, weil du, Mutter der Sonne, am gerechtesten urteilen wirst. Sage uns, wem das Mädchen gehört!“ Dann erzählten sie ihr, was sich zugetragen hatte und warum sie sich jetzt streiten.

Die Mutter der Sonne fragte:

„Sagt, Kinder, habt ihr eine eigene Mutter?“

Und als sie ihr sagten, daß sie eine Mutter hätten, schickte sie die Mutter der Sonne nach Hause mit den Worten:

„Kinder, geht nur schön zu eurer Mutter. Jede Mutter wird über ihre eigenen Kinder am gerechtesten urteilen. Sie wird euch am besten sagen können, wem das Mädchen gehört.“

Endlich kehrten sie nach Hause zurück und erzählten ihrer Mutter wo sie gewesen waren, was wer von ihnen getan hatte, bei wem sie um Rat gefragt hatten, schließlich auch, daß sie die Mutter der Sonne nach Hause geschickt habe, um die eigene Mutter zu fragen, wem das Mädchen gehört.

Da sagte die Mutter:

„Hört, Kinder, was ich euch jetzt sage! Ihr seid meine Söhne und sie soll von nun an meine Tochter sein. Ihr seid Brüder und sie soll eure Schwester sein!"

Und die Brüder waren mit diesem Urteil zufrieden.

Seit diesem Tag stehen und leuchten die sechs Brüder mit ihrer Schwester, als Siebengestirn am Himmel. Jedes Jahr, am Georgstag setzen sie sich in Bewegung und wandern zu den drei Müttern: der Mutter des Windes, des Mondes und der Sonne, um ihnen für ihren guten Rat zu danken. Ihre Wanderung dauert bis zum Herbst, zum Sankt Veits-Tag. Während dieser Zeit sind die sieben Sterne – sechs Brüder und eine Schwester – nicht am Himmel zu sehen.

ERLÄUTERUNGEN

Araber: Angehörige eines arabischen Volkes; in die serbokroatischen Märchen gelangten sie aus den „Märchen aus tausend und einer Nacht“

Elias: Der Heilige Elias kommt im Märchen oft als Wesen mit Zauberkraft vor

Galeere: Altertümliches Kriegs- oder Handelsschiff, das von Sträflingen oder Sklaven gerudert wurde

Harem: Abgesonderte Räumlichkeiten für Frauen der Mohammedaner

Istanbul: Am Bosporus gelegene Hafenstadt der Türkei

Mohammed: Begründer der islamischen Religion

Pascha: Titel ehemaliger türkischer Beamter und Würdenträger

Reep: Schiffsseil

Sultan: Titel einstiger arabischer und türkischer Herrscher. In die serbokroatischen Märchen drangen türkische Motive insbesondere während der dreihundertjährigen Vorherrschaft der Türken über die Südslawen

Turban: Kopfbedeckung der Mohammedaner

Wesir: Minister mohammedanischer Staaten, insbesondere in der Türkei

INHALT

VUK ST. KARADŽIĆ – TVRTKO ČUBELIĆ

Der Drache und der Königssohn

Serbokroatische Märchen

Ausgewählt und bearbeitet von Dr. Rudo Brtáň

Illustrationen von Běla Kolčáková
Übersetzt von Eliška Jelínková

Druck: TSNP Martin, ČSSR
EDV-Nummer: 322 401 2

PRINTED IN CZECHOSLOVAKIA

ISBN 80-06-00166-9